❸ 스스로 활동해 보세요

이 시리즈는 단지 지식을 전달하기 위한 교양서가 아니에요. 어린이 여러분이 교과서로 수업 시간에 배운 내용을 실제 현장에서 직접 체험하며 익힐 수 있도록 다양한 활동 내용을 담았지요. 책 중간이나 뒷부분에 이해를 돕기 위한 활동이 있으니 꼭 스스로 정리해 보세요.

❹ 견학 후 활동이 다양해요

체험학습 후에는 반드시 견학 후 여러 가지 활동을 해 보세요. 보고서 쓰기, 신문 만들기, 그림 그리기 등을 통해 체험학습에서 보고 들은 내용을 다시 한번 정리하면 알찬 체험학습이 될 거예요.

신나는 교과 체험학습 ㉞

농부의 숨결이 느껴지는 곳 농업박물관

초판 1쇄 발행 | 2005. 11. 21.
개정 3판 4쇄 발행 | 2023. 11. 10.

글 김순철 | **그림** 강봉승 김수현 장정오

발행처 김영사 | **발행인** 고세규
등록번호 제 406-2003-036호 | **등록일자** 1979. 5. 17.
주소 경기도 파주시 문발로 197(우10881)
전화 마케팅부 031-955-3100 | 편집부 031-955-3113~20 | 팩스 031-955-3111

값은 표지에 있습니다.
ISBN 978-89-349-8685-0 64000
ISBN 978-89-349-8306-4 (세트)

좋은 독자가 좋은 책을 만듭니다. 김영사는 독자 여러분의 의견에 항상 귀 기울이고 있습니다.
전자우편 book@gimmyoung.com | 홈페이지 www.gimmyoungjr.com

※**사진 출처** 농업박물관, 유철상, 김원미

어린이제품 안전특별법에 의한 표시사항
제품명 도서 제조년월일 2023년 11월 10일 제조사명 김영사 주소 10881 경기도 파주시 문발로 197
전화번호 031-955-3100 제조국명 대한민국 ⚠주의 책 모서리에 찍히거나 책장에 베이지 않게 조심하세요.

농부의 숨결이 느껴지는 곳

농업박물관

글 김소철 그림 강능호 김수현 강강오

주니어김영사

차례

농업박물관에 가기 전에

미리 준비하세요

1. **준비물** 사진기, 필기도구, 《농업박물관》 책

2. **옷차림** 박물관은 냉난방 시설이 잘되어 있어서 가벼운 옷차림으로 입는 게
좋아요. 또 가방은 거추장스럽지 않은 게 좋겠지요.

미리 알아 두세요

개관일	매주 화 ~ 일요일
휴관일	월요일, 1월 1일·설·추석 연휴, 법정공휴일, 근로자의 날
관람시간	하절기(3월 ~ 10월) 오전 9:30 ~ 오후 6:00
	동절기(11월 ~ 2월) 오전 9:30 ~ 오후 5:30
관람료	무료
문의	전화 (02) 2080-5727
주소	서울시 중구 새문안로 16 농협중앙회 농업박물관
주의할 점	농업박물관은 일요일에 쉬지 않고 월요일에 쉰답니다.
지하철	5호선 서대문역 5번 출구로 나와 걸어 오세요(걸어서 3분).
버스	서대문역 주변 정류장에서 내려 걸어 오세요(걸어서 3분).

※기관 사정상 관람 요금과 관람 시간은 바뀔 수 있으니 가기 전에 반드시 확인해 보세요.

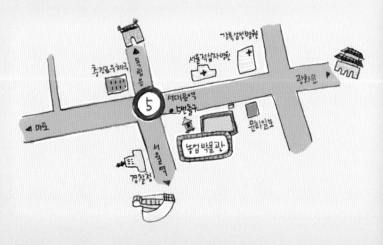

농업박물관은요…….

농사와 관련된 여러 유물들을 전시하고 있습니다.

농사가 사람들에게 얼마나 중요한 영향을 끼쳤는지,

우리 조상들이 무엇으로 농사지어 먹고 살았는지,

더 많은 곡식을 거두기 위해 어떤 노력을 했는지,

다양한 생활상을 보여 주는 박물관이에요.

박물관을 돌아보면서 부지런한 농부의

손길을 따라가니 보면, 한 톨의 씨를 뿌려

알곡으로 거두어들이기까지 농부가 얼마나 많은

수고를 하는지 알게 될 거예요.

그 정성과 노력이 여러분을 오늘의 건강한 어린이로 만들어 주었어요.

우리가 튼튼하게 자랄 수 있도록 귀한 먹을거리를 주는 농업 이야기!

그 이야기가 있는 농업박물관으로 들어가 볼까요?

농업박물관에는 무엇이 있을까요?

1층
농업역사관

농업역사관은 농업이 시작된 선사 시대부터 오늘날에 이르기까지 농업이 발달해 온 역사를 보여 주는 전시관이에요. 다양한 유물과 생동감 있는 현장 복원으로 재미있게 구성되었답니다.

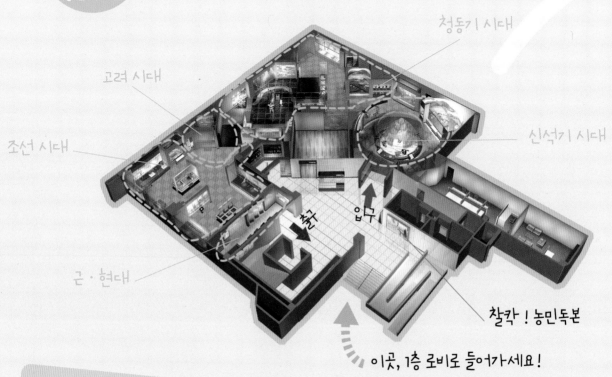

청동기 시대

고려 시대

조선 시대

신석기 시대

근·현대

출구

입구

찰칵! 농민독본

이곳, 1층 로비로 들어가세요!

박물관에서 이러면 어떻게 될까요?

1. 호기심에 전시된 유물을 함부로 만지면?
   소중한 유물이 망가지겠죠? 다른 친구들이 유익하게 관람하기 어려워져요.
2. 전시실 유리에 대고 글씨를 쓰거나 기대면?
   유리가 깨지는 것도 큰일이지만, 소중한 여러분의 몸이 다칠 수 있어요.
3. 전시된 모형물에 휴지나 물건을 던지면?
   다른 친구들이 그것도 전시물인 줄 알 거예요.
4. 전시실에서 사진을 찍으면?
   플래시 때문에 유물이 손상되고, 어두워서 사진도 잘 안 나와요.
5. 전시실 안에서 떠들면? 박물관에서는 쉿! 이건 기본이죠!

2층
농업생활관

농업생활관은 사계절의 논농사와 밭농사, 옛날 전통 농가의 생활과 장터의 모습을 보여 줘요. 실제와 비슷하게 꾸며 놓아 우리 조상들의 생활을 이해하기 쉽게 구성된 전시실입니다.

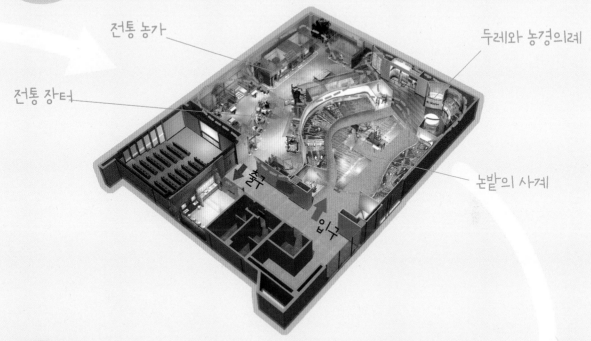

전통 농가

두레와 농경의례

전통 장터

출구

입구

논밭의 사계

지하 1층
농협홍보관

농협홍보관은 농협의 역사와 하는 일을 소개하고 있어요. 쌀, 김치, 축산, 수출농업 등을 통해 우리나라 농업의 우수성과 농업의 중요성을 느끼게 해 줍니다.

농협 알아보기

우리 농·축산물

농협 식품

미래존

출구

입구

나락뒤주 앞

박물관 앞

농민독본 앞

농업박물관 견학 기념사진 한 장 찰칵!
(이곳에서만 사진을 찍을 수 있어요.)

협동조합의 이해

농업역사관

1층

오래전 조상들은 어떻게 농사를 짓기 시작했을까요?

어느 한순간부터 갑자기 농사를 짓기 시작해서 배불리 먹게 된 게 아니랍니다.

어떻게 하면 더 많은 곡식을 얻을 수 있을까,

어떻게 하면 좀 더 효과적으로 농사를 지을까 늘 고민했지요.

농업역사관에는 그 고민의 결과로 태어난 우리 조상들의 농사짓는 기술과

농기구를 알 수 있도록 다양한 유물이 전시되어 있습니다.

신석기 시대 8쪽 ------▶ 청동기 시대 12쪽 ------▶ 철기 시대 15쪽 ------▶ 삼국 시대 16쪽

인류의 가장 오래된 고민은 무엇일까요?

이 땅에 처음 사람이 살기 시작한 것은 약 70만 년 전부터예요. 그 시대를 '구석기'라고 하지요. 이때는 자연환경의 변화가 무척 심했고 지금과는 많이 달라서 사람이 살기 힘들었지요.

이 시기의 사람들은 늘 추위며 배고픔과 싸워야 했고, 살아남기 위해 무리를 지어 떠돌아다니며 먹을거리를 찾아야 했어요. 돌을 깨뜨려 만든 뗀석기로 사냥을 하거나 열매를 따거나 식물을 캐내어 먹었지만 이런 것들은 꾸준히 구할 수 있는 게 아니라서 어떻게 하면 배고픔에서 벗어날까 하는 것이 늘 걱정이었지요.

이처럼 먹을거리가 많이 부족했던 까마득한 옛날부터 시작된 이 고민은 오늘날까지도 계속되고 있어요. 먹는 일은 우리 생명을 이어 주는 아주 귀중한 일이니 그럴 수 밖에 없겠지요.

그렇다면 왜 농사를 지어 곡식을 얻지 않았느냐고요?

구석기 시대까지 사람들은 농사를 짓지 못했어요. 농사를 지을 생각을 하지 못했거든요. 하지만 사람들 사이에서는 서서히 변화가 일어났답니다. 사람들이 농사짓는 법을 알게 됨에 따라 이제 먹을거리를 찾는 대신 자신의 노력과 정성으로 자연을 일구어 먹을거리를 얻기 시작한 거예요.

이것은 아주 대단한 일이에요. 농사를 짓기 시작하면서 사람들의 생활은 완전히 달라지기 시작했어요. 인간 사회는 풍요로워지고 이때부터 급격하게 발전하기 시작했답니다.

자, 이제 그 이야기 속으로 들어가 볼까요?

처음 농사를 짓기 시작했어요

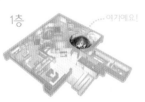

1층 ....여기예요!

신석기 시대
역사학자들은 선사 시대를 도구로 구분합니다. 신석기 시대란 돌을 갈아 만든 간석기를 사용했던 시기예요.

약 1만 년 전, 빙하가 지구를 뒤덮고 있던 빙하기가 끝나자 날이 따뜻해졌어요. 이제 땅에는 다양한 식물들이 자라고, 강과 바다에는 먹을거리가 풍부해졌지요. 이렇게 자연환경이 달라지자 사람들은 서서히 이전과는 좀 다른 삶을 살게 되었어요. 이 시기를 신석기 시대라고 불러요.

이 시기의 가장 큰 특징은 처음으로 농사를 짓기 시작했다는 것이에요. 땅에 떨어진 씨앗에 싹이 트고 자라나 열매를 맺는 것을 우연히 보고, 직접 씨앗을 뿌려 가꾸면 더 많은 식량을 얻을 수 있다는 사실을 깨닫게 된 거예요.

농사를 짓기 시작한 신석기 시대 사람들은 나무를 베고 그곳에 불을 놓아 농사지을 땅을 마련했어요.

❶개
사람과 가장 먼저 친구가 된 동물은 무엇일까요? 아마도 개일 가능성이 가장 높답니다. 처음에는 고기를 얻기 위해 기르기 시작했지만 사람들에게 길들여지면서 사냥개로도 쓰이게 되었어요.

❷곡식
기원전 4, 5천년경에 우리나라 서북부 지방을 중심으로 조, 기장, 밀, 피, 보리 등의 밭농사가 시작되었습니다. 그 외에 도토리와 같은 나무 열매도 먹었습니다.

❸갈돌과 갈판
돌을 잘 다듬어 만든 갈돌과 갈판은 딱딱한 곡식이나 열매 껍질을 벗기거나 낟알로 된 곡식을 갈아 가루로 만드는 데 사용됐습니다.

신석기 시대의 유물

토우(멧돼지 모양 흙 인형)

돌창 흑요석제 화살촉
사냥을 하고 맹수로부터 자신을 보호하기 위한 무기예요. 토우는 사냥의 성공을 위해 제사를 지냈다는 사실을 알려 줍니다.

도토리와 조개류
신석기 시대 사람들은 강에서 쉽게 구할 수 있는 조개를 먹었어요. 먹을거리가 부족할 때를 대비해 도토리 같은 열매를 저장하기도 했지요.

낚싯바늘 그물 자국이 찍힌 토기 조각

어망추
날씨가 따뜻해지자 강과 바다에 많은 물고기들이 살았어요. 낚싯바늘이나 어망추 같은 유물들은 당시에 고기잡이가 활발했다는 사실을 알려 줍니다.

움집

농사를 짓기 시작하면서 신석기 시대 사람들은 한곳에 정착하며 살았지요. 그리고 한 곳에서 오래 살기 위해 견고하고 실용적인 움집을 짓기 시작했어요.

재미있는 보물찾기

도토리 모양으로 뚫린 구멍으로 뭔가 보여요. 무엇일까요? 도토리 같은 열매를 담았던 도구예요. 뭔지 모르겠다고요? 책장을 넘기면 알 수 있어요. 박물관에서도 찾아보세요!

↳ 정답은 56쪽에

빗살무늬 토기
식량을 저장하고 요리하는 데 사용된 토기 덕분에 사람들의 먹을거리가 풍부해졌어요. 농사를 짓기 시작하면서 사람들은 곡식을 저장할 필요성을 느꼈지요.

동물의 뼈

신석기 시대에는 개나 돼지를 가축으로 기르기 시작했어요. 집짐승을 기르면 원하는 때에 언제든지 고기를 얻을 수가 있죠.

뿔괭이

돌괭이

신석기 시대에 가장 많이 쓴 농기구인 괭이는 땅을 일구거나 씨앗을 파묻을 때, 야생 식물의 뿌리를 캘 때 주로 사용되었습니다.

돌공이

절구나 그릇에 곡식을 넣고 찧을 때 사용했어요. 주로 곡식의 껍질을 벗겨 깨끗하게 하거나 빻는 데 썼답니다.

9

화전

산이나 들에 불을 피워 놓으면 나무나 풀이 타서 재가 생기는데, 이것이 거름이 되어 땅을 기름지게 만들어 줍니다. 화전은 이렇게 만들어진 밭을 말하지요.

처음 농사를 짓기 시작했을 때는 이런 화전이나 원시적인 밭을 일구는 정도였고 농사가 차지하는 비중이 낮아 많은 식량을 얻지는 못했어요.

그러나 시간이 흐를수록 점점 농사를 짓는 솜씨가 발달하여 제법 많은 곡식을 얻게 되었고, 농사의 비중이 커졌어요. 이렇게 쌓은 경험을 바탕으로 청동기 시대에 이르러서는 본격적인 농사를 시작할 수 있게 되었지요. 기원전 4~5천년 무렵 서북부 지방을 중심으로 조, 기장, 피, 보리 등의 밭농사가 시작되었어요.

집을 짓고 살기 시작했어요

농사를 지어 손수 식량을 마련할 수 있게 되자 먹을거리를 찾아 옮겨 다닐 이유가 없어졌어요. 뿐만 아니라 곡식을 가꾸어야 했기 때문에 집을 짓고 한곳에 오래 머물러야만 했지요. 또 위험한 사냥을 하는 대신 멧돼지와 같은 들짐승을 길들여 기르게 되었고, 먹고 남은 곡식을 저장하기 위해 흙으로 그릇을 만들게 되었답니다.

여기서 잠깐!

빗살무늬 토기는 왜 끝이 뾰족할까요?
신석기 시대 사람들은 바닷가나 강가에 살았어요. 그래서 모래나 젖은 땅에 꽂아 사용하기 좋게 만든 것이랍니다.

빗살무늬 토기에 왜 무늬를 새겼을까요?
어떤 사람들은 자연을 두려워하는 마음으로 햇빛이나 번개 또는 빗줄기를 새겼다고 하고, 손에서 미끄러지지 않게 하기 위해서 새겼다고도 해요. 또 어떤 사람들은 예쁘게 보이려고 장식을 했다고 하기도 하고요. 여러분의 생각은 어떤가요?

빗살무늬 토기

돌보습

쟁기의 날 부분으로, 땅을 일구거나 갈아서 고랑과 이랑을 만드는 데 사용한 농기구예요. 잘 닳지 않는 돌로 만들었어요.

덧띠무늬 토기

농사를 짓기 시작한 신석기 시대에는 음식을 저장하거나 요리에 필요한 그릇을 만들어 썼습니다.

멧돼지 송곳니 낫

반달 돌칼

농작물을 거둘 때 사용한 돌낫과 돌칼이에요. 멧돼지의 이를 갈아서 낫을 만들기도 했어요.

농사를 잘 짓게 해 주세요

농사를 짓기 시작했다고 해서 먹을거리가 풍부해진 건 아니에요. 아직 농사 기술이 뛰어나지 않았기 때문에 많은 곡식을 거두지는 못했지요. 신석기 시대 사람들은 늘 닥쳐오는 추위와 굶주림에 대비하기 바빴어요. 몸을 따뜻하게 해 줄 옷도 별로 없었고, 홍수나 가뭄 때문에 농사를 망치는 일도 많았거든요.

자연히 그 시대 사람들은 날씨 변화에 많은 관심을 가지게 되었답니다. 곡식이 잘 자라려면 적당한 햇빛과 비가 필요하기 때문에, 하늘과 영혼이 깃들어 있다고 생각되는 자연이나 동물에게 농사를 망치지 않게 보살펴 달라고 빌었어요. 뿐만 아니라 사냥을 떠나기 전에도 짐승을 많이 잡아 안전하게 돌아올 수 있기를 바라며 흙 인형을 만들거나 그림을 그려 제사를 지냈답니다. 신석기 시대 유물 중 멧돼지 모양의 흙 인형을 보면 그 시대 사람들의 이런 믿음과 간절한 소망을 엿볼 수 있지요.

벼농사를 지었어요

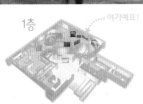

1층 ···· 여기예요!

🔖 돌을 잘 다듬어 만든 농기구

청동기 시대라고 해서 농기구를 청동으로 만들어 사용한 건 아니에요. 이때에는 신석기 시대보다 더 잘 다듬어진 돌로 만든 농기구를 사용했답니다.

벼농사를 짓기 시작한 청동기 시대에는 여러가지 농기구와 농사에 필요한 시설들이 많이 생겨났어요. 이제 사람들은 돌을 잘 다듬어 만든 농기구를 쓰게 되었을 뿐만 아니라 논이나 저수지를 편리하게 이용할 줄 알게 되었답니다.

농사를 지으려면 일손이 많이 필요했기 때문에 사람들은 점차 마을을 이루고 서로 도와가며 살았어요. 효과적으로 농사를 짓기 시작하자 먹을거리가 남아돌 정도로 많은 양의 곡식을 얻을 수 있게 되었지요.

마전리 유적

충청남도 논산시 연무읍 마전리에서 발견된 청동기 시대 마을 유적입니다.
그 시대에는 보통 평야나 하천 가까운 곳에 작은 마을을 이루고 살았어요.

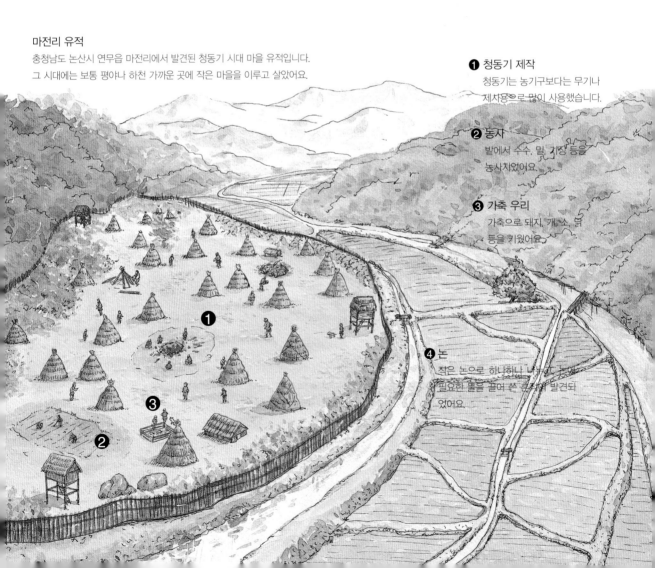

❶ 청동기 제작
　청동기는 농기구보다는 무기나 제사용으로 많이 사용했습니다.

❷ 농사
　밭에서 수수, 밀, 기장 등을 농사지었어요.

❸ 가축 우리
　가축으로 돼지, 개, 소, 닭 등을 키웠어요.

❹ 논
　작은 논으로 하나하나 나누고 물에 필요한 물을 끌어 쓴 흔적이 발견되었어요.

이때의 농기구들은 신석기 시대보다 훨씬 다양해요. 나무를 깎는 데 사용하는 돌자귀, 땅을 팔 때 쓰는 돌보습, 곡식을 거둬들일 때 쓰는 반달 돌칼과 돌낫 등 돌을 더욱 세밀하게 다듬어 사용했지요. 또 곡식을 저장하는 무늬없는 토기 등도 이 시기에 사용되었어요. 특히 반달 돌칼은 우리나라 곳곳에서 발견되어 전국적으로 벼농사를 지었을 거라고 짐작됩니다.

재미있는 보물찾기

반달 돌칼 모양으로 뚫린 구멍 속에 뭔가 보여요. 무엇일까요?

새와 솟대가 그려져 있네요. 모르겠다고요? 책장을 넘기면 알 수 있어요. 박물관에서도 찾아보세요!

정답은 56쪽에

농업의 발달이 사회를 변화시켰어요

농사를 짓는 도구와 기술이 발달하자 사람들 사이에 커다란 변화가 생겼어요. 농사를 잘 지어 많은 곡식을 수확한 사람과 그렇지못한 사람이 나뉘고, 이에 따라 부자와 가난한 사람이 생겨나게 되었지요. 게다가 부자는 더 좋은 농기구를 마련해 더 많은 곡식을 거두어들일 수 있게 되었고 이를 바탕으로 다른 사람을 부리는 힘까지 가지게 되었답니다. 힘을 가지게 된 자는 자신의 부족을 거느리며, 이웃 부족과 싸워 더 큰 힘을 갖게 되었어요. 이런 과정을 거치면서 마침내 나라가 세워졌습니다.

반달 돌칼은 어떻게 사용했을까요?
신석기 시대뿐 아니라 청동기 시대에도 많이 사용한 반달 돌칼은 그림과 같이 돌칼을 쥐고 아랫 변의 날을 이용하여 곡식을 베는 데 사용했습니다. 오늘날의 농기구인 낫과 같은 역할을 했어요.

동기 시대의 유물

무늬없는 토기
청동기 시대에는 빗살무늬가 사라지고, 여러 지역에서 다양한 모습을 한 무늬없는 토기가 사용되었습니다.

돌도끼
단단한 돌로 만든 돌도끼는 나무를 베거나 쪼갤 때 쓰던 도구랍니다. 나무 자루는 시간이 지나면서 썩어 사라지고 지금은 돌만 남았어요.

돌자귀
나무 껍질을 벗기거나 다듬을 때 쓰는 도구예요. 자귀를 'ㄱ'자형 나무 자루에 묶어서 사용했답니다.

농경문청동기에서 숨은 농기구 찾기

청동기 시대의 제사용 도구로 짐작되는 이 유물은 우리나라가 청동기
시대부터 농사를 짓고 살았다는 사실을 알려 주는 농기구예요.
농업박물관에서 한번 찾아보세요.

나뭇가지 위에 새가 그려져 있는 모습이 지금의

농촌 마을 입구에 세워져 있는 [   ]와

비슷해요. 이 유물이 풍년을 기원하며 하늘에 제사를

지낼 때 사용한 도구였다는 사실을 알 수 있지요.

▶**힌트** 마을의 안녕과 풍년을 바라며 마을 입구에
　　　 세운 것이에요. 본문 34쪽을 참고해 보세요.

밭을 일굴 때 사용하는 [   ]와 괭이를

사용하는 농부의 모습이 그려져 있어요. 당시에도

이 농기구를 사용했음을 알 수 있는 장면이에요.

▶**힌트** 전시실의 모형을 잘 살펴보세요.
　　　 그래도 알 수 없다면 본문 24쪽을
　　　 참고해 보세요.

정답은 56쪽에

곰배괭이
잘 닳지 않는 돌을 장대 끝에 매어 땅을 일구
거나 알뿌리를 캘 때 쓰던 농기구예요.

돌낫
다 익은 곡식의 이삭을 따는 농기구예요. 남
부 지방에서 주로 발견되는 것으로 보아 그
지역에서 벼농사가 활발했다는 사실을 알 수
있어요.

도끼 자루
청동기 시대에도 다듬기 힘든 돌이나 구하기 어려
운 청동보다 나무가 많이 사용되었어요. 하지만 나
무 도구는 잘 썩기 때문에 지금은 거의 남아 있지
않아요.

철로 농기구를 만들었어요

여기예요!

1층

철로 도구를 만들어 사용할 줄 알게 된 철기 시대가 되자 이제는 힘들게 돌을 깎고 다듬지 않아도 철로 얼마든지 원하는 모양의 농기구를 만들 수 있게 되었어요. 뿐만 아니라 철제 농기구는 튼튼하고 날카로워서 이전의 농기구보다 사용하기도 훨씬 편리했어요.

반달 돌칼로 일일이 따던 곡식 줄기를 이제는 쇠낫으로 쓱 하고 한꺼번에 벨 수 있게 되어, 농사를 짓는 시간도 훨씬 줄어들게 되었지요. 또 튼튼한 따비, 괭이 등 새로운 철제 농기구들이 농사일에 두루 사용되면서 그만큼 많은 곡식을 얻을 수 있었습니다. 또 물을 끌어 농사짓는 기술이 발전하면서 큰 강 근처의 넓은 평야나 골짜기에서도 농사를 짓게 되었습니다.

철제 농기구
철로 만든 농기구. 우리나라에 철로 만든 농기구가 등장한 건 기원전 2세기 무렵이에요.

담금질
뜨겁게 달군 금속 재료를 물이나 기름 속에 담가 식히는 일을 일컬어요.

대장간
대장간에서는 단단하고 날카로운 쇠를 만들기 위해 끊임없이 담금질하고 두드려 튼튼한 농기구를 만들었어요. 철이 귀했던 이 시기에 대장장이들은 최고의 기술자들이었지요.

철기 시대의 유물

쇠낫
나무 자루에 끼워 사용했던 쇠낫으로 이전에 사용하던 반달 돌칼이나 돌낫보다는 훨씬 더 편리하고 빠르게 많은 곡식을 거둘 수 있었습니다.

쇠스랑
쇠스랑은 흙을 부수거나 땅을 고르는 데 사용했던 농기구예요. 돌로 만든 농기구보다 더 편하게 땅을 일굴 수 있었어요.

쇠도끼
나무를 베거나 땅을 팔 때 사용했던 농기구예요. 돌도끼보다 단단하고 날카로워 주로 굵은 나무를 벨 때 사용했어요.

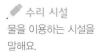

... 여기예요!

소를 이용해 농사를 지었어요

청동기 시대부터 생겨난 작은 나라들은 점차 힘 있는 자들을 중심으로 뭉치게 되었고, 마침내 왕이 존재하는 고대 국가가 탄생하게 되었어요. 농사를 중요하게 생각하는 마음은 한층 더 커졌지요. 흉년이 들고 굶주림에 시달리게 되면 백성의 마음이 왕에게서 떠나 버리기 때문에 왕은 농사짓는 일을 힘써 돌보았답니다. 전쟁도 바쁜 농사철은 피했다고 해요.

지금도 많은 문헌 속에서 이때의 농경 모습을 찾아볼 수가 있었어요. 나라가 직접 나서서 중요한 수리 시설을 관리하고, 소를 이용해 농사를 짓는 걸 장려하기도 했지요. 덕분에 사람들의 농업 생활이 한층 더 편리해졌어요.

삼국 시대의 농기구는 오늘날 농촌에서 사용하는 것과 차이가 없을 만큼 발달했습니다.

✐ **수리 시설**
물을 이용하는 시설을 말해요.

소를 이용해 농사를 지었어요

소의 힘을 이용해 농사일을 시작한 건 삼국 시대부터예요. 《삼국사기》라는 역사책에 신라 지증왕 때 소를 이용해 농사일을 하도록 나라에서 권했다고 전해진답니다. 아홉 명의 농부가 힘들게 일할 양을 소 한 마리가 거뜬히 해냈다고 하니, 소는 농사일에 참 많은 도움을 주었음에 틀림없지요. 그래서 농부들은 소를 가축이나 재산의 의미보다는 농사일을 돕는 가족처럼 생각하기도 했답니다.

재미있는 보물찾기

지게를 진 농부 흙 인형 모양으로 뚫린 구멍으로 뭔가 보여요. 무엇일까요?

앗! 부엌에서 일하는 사람의 모습인데, 정확히 모르겠다고요? 책장을 넘기면 알 수 있어요. 박물관에서도 찾아보세요!

▶ 정답은 56쪽에

쟁기로 논밭 갈기

소 한 마리가 끄는 간편한 쟁기를 '호리'라고 하고, 소 두 마리가 끄는 쟁기를 '겨리'라고 해요. 보통 평야의 논밭에서 쓰는 쟁기는 작고 가벼워서 소 한 마리만 쓴답니다. 쟁기에서 가장 중요한 역할을 하는 건 보습이에요. 보습이 논밭의 흙을 뒤집어 주는 역할을 하거든요. 철을 사용하기 전에는 나무나 돌을 끼워 사용했어요.

왜 논밭을 갈았을까요?

지난해 농사가 끝나고 겨우내 쉬는 동안 눈과 비를 맞으면서 논밭은 굳어진답니다. 그러면 어린 작물들이 뿌리를 내리기 힘들고, 물이 땅속으로 잘 스며들지 못하겠지요. 그래서 농작물의 양분인 두엄을 딱딱해진 땅에 뿌려 두었다가 쟁기질하면서 흙을 뒤엎어 주면, 흙에 두엄이 잘 섞이고 흙도 부드러워져 농작물이 잘 자란답니다.

보습, U자형 쇠날, 괭이, 쇠스랑, 호미, 살포, 낫 같은 농기구를 썼고, 논을 갈고 김을 매고 곡식을 거두는 등 농사 기술도 이때부터 자리잡았죠.

하늘을 관찰했어요

옛날 사람들은 모든 자연 현상을 신들의 뜻이라고 여겼어요. 지금 우리가 알고 있는 해와 달은 우주에 떠 있는 별과 행성이지만, 옛날 사람들은 해와 달과 별은 신이고, 하늘은 이런 신들이 살고 있는 곳이라고 생각했지요.

또한 옛날 사람들은 왕은 하늘의 아들이고, 하늘의 뜻에 따라 나라를 다스린다고 생각했어요. 그래서 날씨의 변화가 크거나 가뭄과 홍수로 흉년이 들면 백성들은 왕을 원망했답니다. 그러니 왕은 무엇보다 날씨의 변화를 읽는 데 열심이었어요. 그래서 첨성대와 같은 시설을 왕궁 가까이에 두고 늘 하늘을 관찰했습니다.

천문학의 발달은 이렇게 농사에 큰 도움을 주었답니다.

> **살포**
> 논에 물꼬를 트거나 막을 때 쓰는 농기구를 말해요.

> **첨성대**
> 신라 시대에 지어진 동양에 현존하는 가장 오래된 천문대예요.

첨성대

삼국 시대의 유물

수레 토기
논과 밭에서 수확한 곡식을 집으로 옮길 때 사용했던 수레랍니다. 삼국 시대에 수레는 부잣집에서나 사용했던 도구예요.

지게농부 토우
항아리가 매달린 지게를 메고 있는 신라 농부를 묘사한 흙 인형이에요. 삼국 시대에도 지게를 사용했다니, 지게는 참 오래된 농기구이지요?

고상가옥 토기
곡식 창고의 모습을 토기로 만든 것으로 짐작되는데, 삼국 시대의 집 모습을 상상해 볼 수 있어요.

물을 저장하는 벽골제를 완성해 보세요!

벽골제는 농사를 위해 만든 저수지예요. 삼국 시대에 이런 벽골제를 만들었대요.
그렇다면 벽골제는 어떻게 만들어질까요?
전시실에 전시된 모형을 잘 관찰해 보고, 순서를 매겨 보세요.

(　　)

(　　)

(　　)

(　　)

※ 삼국 시대 사람들의 가장 중요한 생활은 농사였어요. 농사를 잘 짓기 위해서는 물을 이용하는 기술이 무엇보다 필요했지요. 특히 벼농사는 물이 없으면 제대로 지을 수 없습니다. 그래서 사람들은 비가 오면 빗물을 저장해 두었다가 농사에 쓰려고 저수지를 만들었어요. 당시에 만들어진 저수지들 중에서 지금까지 남아 있는 것으로는 제천의 의림지, 김제의 벽골제, 밀양의 수산제가 있어요.

정답은 56쪽에

쇠솥과 시루
조리 용기인 시루와 솥이 합쳐진 모양이에요.
그 아래에는 화덕이 있고요. 옛날 사람들은
어떻게 밥을 지어 먹었을까 상상해 보세요.

시루
솥
화덕

디딜방아 토형
디딜방아는 발로 디디며 곡식을 찧거나 빻을
때 사용하는 도구예요. 삼국 시대에도 오늘날
과 다름없는 디딜방아를 사용했나 봐요.

우마차 토우
소는 논밭을 갈 때만 사용되었던 건 아닌가
봐요. 삼국 시대에 곡식을 옮길 때에도 소가
사용되었다는 걸 말해 주는 흙 인형이랍니다.

농사지을 땅을 넓혔어요

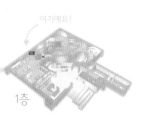

여기예요!

1층

　　후삼국을 통일한 고려는 백성들의 생활을 안정시키고 민심을 얻기 위해 가장 먼저 농업을 장려하는 정책을 펼쳤어요. 나라에서는 무기를 녹여 농기구를 만들게 하고 벽골제 등의 저수지를 수리하는 등 농사짓는 일에 도움을 주는 사업을 추진했습니다.

　　그러나 고려 시대에는 농사지을 땅이 턱없이 부족했어요.

　　그래서 산비탈을 깎아 내어 계단식 논밭을 만들고, 가까운 바다를 메워 농경지를 넓혀 갔어요. 지금처럼 기중기나 덤프트럭도 없이 사람의 힘만으로 하기에는 무척 어려운 일이지만, 농사지을 땅이 생긴다는 건 너무나 반가운 일이었어요.

　　문익점이 원나라에서 목화씨를 가져와 재배하기 시작한 것도 고려 시대의 일이에요.

계단식 논밭
산간 지역이 많은 우리나라에는 계단식 논밭이 많아요. 산비탈을 타고 내려오는 굽이진 계단식 논밭은 농부의 노력과 자연이 조화를 이룬 아름다운 경치입니다.

백성을 이롭게 한 목화와 무명

목화의 전래와 **무명**의 생산은 이 땅에 살던 우리 민족의 생활을 풍요롭게 만들었어요.

우선 포근한 솜과 질긴 무명 천으로 만든 옷은 전쟁터의 군사들에게 큰 도움을 주었습니다. 철갑 옷이나 가죽 갑옷보다 가벼워 병사들의 기동력을 높여 준 데다, 화살이 뚫기 어려울 만큼 방어력도 우수했거든요. 뿐만 아니라 여름 옷으로나 적합한 삼베옷으로 겨울을 나던 사람들은 이제 솜옷으로 따뜻한 겨울을 보낼 수 있게 되었어요.

이렇듯 목화는 사람들의 전반적인 생활에 유익한 변화를 가져다 주었어요.

무명
물레 따위로 목화솜에서 실을 뽑아 만든 옷감이에요.

목화
하얀 목화에서 실을 뽑는 기술이 무엇보다 중요합니다.

여기서 잠깐!

문익점에 대한 후대 사람들의 한마디!

문익섬이 복화를 늘여온 것은 우리나라 옷 역사상 매우 중요한 일이었어요.
역사상 유명한 사람들이 문익점에 대해 평가한 말에 귀기울여 보세요.
여러분은 어떻게 생각하나요?

이 나라 백성의 옷차림을 아주 새롭게 하였다.

백성들에게 옷을 입게 해 준 문익점은 농사를 시작한 옛 중국의 후직씨 만큼 위대하도다.

문익점과 같은 이는 이전에도 이후에도, 그 이후에도 없을 것이다.

백성의 살림을 넉넉하고 따뜻하게 하였으니, '부민후'라 칭하라.

이황

송시열

조식

세종대왕

여기예요! 1층

농사짓는 사람이 으뜸이었어요

선농단
풍년이 들기를 빌던 제단으로 서울 동대문구에 위치해 있어요.

선농단

이앙법
조선 후기에는 직접 씨앗을 뿌리는 직파법보다 이앙법이 보급되어 농업생산력이 높아짐에 따라 부자 농부들이 많이 생겼어요.

여러분은 사극에서 신하가 임금에게 "전하, 종묘사직을 생각하시옵소서."라고 말하는 장면을 본 적이 있나요? 나라의 큰일을 결정할 때, 신하들이 임금에게 강조한 이 '종묘사직'은 무엇일까요? '종묘'란, 조상들에게 제사를 지내는 곳이고, '사직'이란 땅과 곡식의 신에게 제사를 지내는 곳을 말한답니다. 조선 시대에는 무엇보다 조상에게 예를 다하는 일과 농업을 중요시했다는 사실을 알 수 있는 부분이에요. 그리고 '농자천하지대본(農者天下之大本)'이라며 농사짓는 사람을 으뜸으로 여겼어요.

조선의 역대 왕들은 백성들이 잘살기 위해서는 농업에 힘을써야 한다고 생각했어요. 그래서 선농단에서 하늘에 제사를 올리고, 그 앞에 만들어 놓은 논에서 왕이 직접 농사짓는 모습을 보여 주기도 했습니다. 농사가 나라 살림에 있어서 얼마나 중요한 일이었는지 짐작할 수 있겠죠? 이 행사 때 모인 사람들에게 소뼈를 우려낸 국물에 밥을 말아 주던 것이 우리가 흔히 먹는 설렁탕의 시작이라고 해요.

땅에 거름을 주는 일(시비법)이나 미리 키워 놓은 모를 논에다 옮겨 심는 모내기(이앙법)도 이때부터 시작되었어요. 시비법과 이앙법은 좀 더 많은 곡식을 얻기 위해 연구를 거듭해 알아낸 농사법이에요.

조선 시대의 유물

측우기
비의 양을 재는 우리나라 최초의 도구예요. 농사에 큰 도움을 주었어요.

용두레
고인 물을 퍼서 논이나 밭으로 옮길 때 쓰는 기구예요. 삼각대에 매달아 앞뒤로 흔들어 사용했어요.

맞두레
두 사람이 마주 서서 2개씩 줄을 잡고 물을 퍼 올렸어요. 용두레를 사용하기 어려운 곳에서 사용했답니다.

오지장군
거름으로 사용할 오줌을 보관하고 퍼 나르던 도구예요. '오줌장군'이라고도 불렸답니다.

농사를 잘 짓기 위해서는 많은 연구가 필요했고, 나라에서는 이를 적극적으로 지원했습니다. 그래서 학자들은 중국의 농사 기술책과 달리 우리나라의 기후와 풍토에 맞는 농사 기술책을 펴내기도 했지요. 이러한 책을 '농서'라고 하는데, 대표적으로 세종 때 펴낸 《농사직설》이 있습니다.

농사직설
농사에 대한 기술을 해설한 우리나라에서 가장 오래된 농서예요.

여기서 **잠깐!**

농서에 기록된 특별한 농사 기술

1. 수리법
조선 시대에도 농사짓기에 중요한 물을 관리하기 위해서 여러 수리 시설을 지었어요. 조선 시대에 이용한 수리 도구로는 맞두레, 용두레, 무자위 등이 있었는데, 작은 개울이나 물웅덩이의 물을 퍼서 논밭에 옮길 때 이용했어요.

2. 시비법
논밭에서 농사를 짓는 데 거름을 사용하는 기술이에요. 대부분 풀이나 짚, 사람과 가축의 배설물, 재 등을 재료로 이용했어요.

선농제
조선의 왕들은 매년 입춘이 지난 뒤 선농단에서 사람들에게 처음 농사 짓는 법을 가르쳤다는 신농씨와 오곡의 신인 후직씨에게 제사를 드렸습니다. 제사를 드리고 난 뒤에는 왕이 직접 쟁기를 들어 밭을 갈며 농사의 모범을 보여 주었어요.

새갓통
오줌이나 똥을 담아 밭에 뿌릴 때 사용했답니다. 똥바가지라고도 불렀어요.

거름대
거름을 잘 썩히기 위해 거름더미를 뒤집거나 논밭에 옮길 때, 또는 외양간을 치울 때 쓰는 도구예요.

나래
써레, 번지와 더불어 논밭을 평평하게 고르는 농기구랍니다. 소에 메어 사용했지요.

태
곡식을 쪼아 먹는 새를 쫓는 도구랍니다. 하늘을 향해 휘두르면 딱 소리가 나 새들이 놀라 도망갔답니다.

여기서
잠깐!

호미 모양은 어떻게 다를까요?

쇠날의 앞이 뾰족하고 위는 넓적해서 흙을 파거나 고르는 데 쓰였어요. 주로 논밭의 잡초를 제거하는 김매기 용으로 사용되었지만, 콩이나 옥수수 등의 씨앗을 심거나 감자와 고구마 같은 작은 열매를 캘 때도 사용되었어요. 호미의 분포 상태를 보면, 각 지역 별로 약간 다른 모양을 하고 있습니다. 왜 이렇게 다른 모양을 하고 있는 걸까요? 그건 각 지방의 자연 조건이나 흙의 성질이 다르기 때문이지요.

어처구니가 없다고요?

맷돌의 맷손을 '어처구니'라고 해요. 맷돌을 돌리다가 맷손이 부러지면, 너무 당황스럽겠지요. 그래서 황당하고 당황스러운 마음을 '어처구니 없다.'고 표현하게 되었어요.

발판

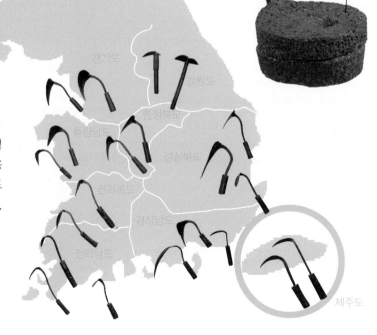

맷손 맷돌

경기도
강원도
충청북도
충청남도
경상북도
전라북도
경상남도
전라남도
제주도

따비는 어떤 농기구일까요?

쟁기를 쓸 수 없는 산비탈이나 작은 밭은 어떻게 일구었을까요? 그런 곳에서는 따비를 사용했답니다. 사람이 발판을 밟아 땅을 일구는 도구예요. 청동기 시대부터 사용되었다고 하니, 무척 오랫동안 사용된 농기구이지요?

홀태
참빗 모양같이 생긴 곳에 벼를 끼운 후 훑어 내면 알곡이 부스러지지 않고 떨어져 나와요.

길마
소 등에 짐을 올리기 위해 만든 안장이랍니다. 소등이 다치지 않게 두꺼운 거적을 깔고 얹었어요.

옹구
'ㅍ'자 모양의 나무막대에 촘촘하게 뜬 망이나 자루를 달아 만든 기구랍니다. 거름이나 농작물을 날랐어요.

썰매
바퀴가 없는 운반 기구예요. 두꺼운 통나무 판자에 밧줄을 매 사람이나 동물이 끌었습니다.

24

한겨울에도 채소를 키운 과학적인 조선 온실

훈민정음이나 금속활자 등으로 세계인을 놀라게 한 우리 조상의 탁월한 과학성은 조선 온실에서도 확인할 수 있답니다. 조선 초에 쓰여진 《산가요록》*이라는 책에 의하면, 1400년대에 이미 온실을 만들었다는 사실을 알 수 있어요.

세계 최초의 온실로 알려진 유럽의 유리 온실들은 난로를 이용해 실내의 온도를 높이는 단순한 방법이었어요. 물론 땅바닥은 그대로였지요. 더군다나 유리 온실은 실내의 온도와 밖의 온도가 차이가 나면, 천장 유리에 찬 이슬이 생겨 실내 온도를 떨어뜨리고 빛이 들어 오는 걸 방해했어요. 바닥으로 떨어진 찬 이슬이 식물에 닿으면 식물이 죽기도 했지요. 그러나 조선 온실은 이런 문제들을 극복했어요. 물과 햇볕, 바람 등 자연을 그대로 이용했고, 종이와 볏짚, 나무, 황토 등을 사용한 자연 친화적인 재료들을 이용해 설계했거든요. 특히 온돌과 한지가 핵심이었어요. 조선 온실의 과학성을 확인해 볼까요?

*《산가요록》은 의관인 전순의가 1450년에 쓴 농업과 생활에 관한 과학 농서입니다.

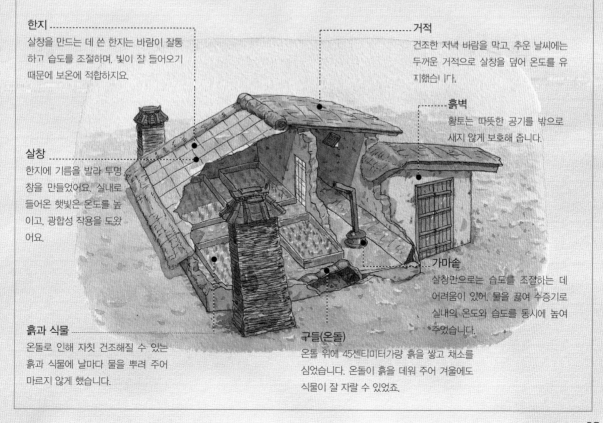

한지
살창을 만드는 데 쓴 한지는 바람이 잘 통하고 습도를 조절하며, 빛이 잘 들어오기 때문에 보온에 적합하지요.

거적
건조한 저녁 바람을 막고, 추운 날씨에는 두꺼운 거적으로 살창을 덮어 온도를 유지했습니다.

흙벽
황토는 따뜻한 공기를 밖으로 새지 않게 보호해 줍니다.

살창
한지에 기름을 발라 투명 창을 만들었어요. 실내로 들어온 햇빛은 온도를 높이고, 광합성 작용을 도왔어요.

가마솥
살창만으로는 습도를 조절하는 데 어려움이 있어, 물을 끓여 수증기로 실내의 온도와 습도를 동시에 높여 주었습니다.

흙과 식물
온돌로 인해 자칫 건조해질 수 있는 흙과 식물에 날마다 물을 뿌려 주어 마르지 않게 했습니다.

구들(온돌)
온돌 위에 45센티미터가량 흙을 쌓고 채소를 심었습니다. 온돌이 흙을 데워 주어 겨울에도 식물이 잘 자랄 수 있었죠.

농업도 과학이에요

1층

여기예요!

우리 민족의 수난기였던 일제 시대에 농업 기술은 조선 시대와 크게 다르지 않았어요. 다양한 농기계들을 사용했지만 일본에게 식량을 빼앗겼기 때문에 일년 내내 열심히 일해도 풀뿌리와 나무뿌리를 먹거나 굶는 일이 잦았어요. 해방 이후에도 전쟁이 일어나는 통에 사정은 크게 달라지지 않았어요.

하지만 1970년대에 들어와서는 농업 기술이 눈부시게 발전하기 시작했어요. 튼튼하고 많은 열매를 맺는 씨앗을 연구하고 농사짓는 기술도 한층 더 개발되었지요.

이런 농업의 발전으로 현재 국민의 6~7% 정도만이 농사일을 하지만 전 국민이 먹을 수 있을 정도의 곡식을 거두어들이고 있어요.

현대에는 과학이 발달할수록 농업 기술도 빠른 속도로 발전하고 있어요. 이제 농업의 모든 분야에서 첨단 기계와 컴퓨터를 사용하게 되었고, 유전 공학과 생명 공학이 발달하면서 더욱 몸에 좋고 맛있는 농작물들을 생산해낼 수 있게 되었습니다.

앞으로 미래의 농업은 또 얼마나 달라지게 될지 상상해 보세요.

콤바인
누렇게 익은 황금 들녘은 콤바인을 이용한 가을걷이로 한창이에요. 콤바인이 사용되면서 빠르고 편리한 수확과 탈곡이 이루어졌어요.

과학의 발달로 농기구도 달라져요

반달 돌칼
청동기 시대에 곡식의 낟알을 거두어들이는 데 사용하던 도구예요.

돌낫
돌을 갈아 만든 낫으로 나무 자루에 끼워 사용했어요. 안쪽 면에 날이 있어요.

쇠낫
철이 들어오면서 만들어진 쇠낫으로 한꺼번에 많은 곡식을 벨 수 있었어요.

콤바인
벼나 보리 등의 곡식을 거두어들이면서 동시에 낟알을 이삭에서 떨어내 주지요.

농기구에 담긴 과학 원리

19세기 말, 많은 외국인들을 감탄시켰다는 지게에는 편리하고 쉽게 짐을 운반한 우리 조상들의 빛나는 과학 정신이 깃들어 있답니다.

지게는 어깨와 등에 걸쳐 몸 전체에 무게를 고르게 전달하여 크고 무거운 짐도 쉽게 옮길 수 있도록 만든 운반 도구예요. 지게 작대기로 지게를 받쳐 놓았을 때에는 무게 중심을 작대기가 받지만, 지게를 등에 졌을 때에는 사람의 등이 무게 중심이 됩니다. 멜빵의 길이를 조절하거나 지게 윗부분을 손으로 잡아 무게 중심을 분산시켜 등과 어깨에 작용하는 짐의 무게를 줄였습니다. 최소한의 힘을 들여 최대한의 무게를 운반하는 비결이 숨어 있는 것이죠. 다리가 지탱할 수 있는 한 엄청난 짐을 운반할 수 있었습니다.

지게의 작대기
지게를 세울 때는 버팀목, 이동 중에는 지팡이, 산 길에서는 풀숲을 헤쳐 나가는 길잡이로 쓰였어요. 팔이 닿지 않는 가지를 꺾을 때나 뱀이 나타나면 자신을 보호하기 위한 무기로도 사용되었지요.

짐을 운반해요
짐을 나를 때 양손에 들거나, 한쪽 어깨에 메거나 또는 어깨 위에 걸친 막대의 양쪽에 짐을 매다는 것보다 머리에 이거나 지게에 지는 게 훨씬 힘이 적게 듭니다. 세계에서 가장 강한 운반력을 자랑한다고 하는 중국과 폴리네시아 사람들이 어깨 위에 걸친 막대의 양쪽에 짐을 매달아 사용했어요. 그러나 이때 양쪽의 무게 중심이 맞아야 하는 단점이 있어요. 그런데 우리는 전통적으로 여자는 머리에 이고, 남자는 등에 지는 방법으로 짐을 날랐어요. 우리 민족은 가장 적은 힘으로 가장 많은 짐을 효과적으로 운반했던 거예요.

들기

메기

물지게

머리에 이기

지게에 지기

농업생활관

농사를 중히 여겼던 우리 조상들의 생활은 어땠을까요?

사계절마다 달라지는 논과 밭에서 농작물을 키운 농부의 정성과

농사를 둘러싸고 일어나는 여러 가지 생활 모습들이 펼쳐지는 농업생활관.

우리나라 전통 마을의 농사짓는 모습이 논과 밭, 농가, 장터 풍경으로

생생하게 재현된 현장으로 들어가 볼까요?

여든여덟 번의 수고

벼는 농부의 발걸음 소리를 듣고 자란다고 해요. 무슨 뜻이냐고요? 봄에 모내기가 끝나고 나면 농부는 손으로 피를 뽑고, 김을 매고, 거름을 주고, 물을 대 주며 벼를 정성껏 키웁니다. 벼는 그런 농부의 부지런한 정성과 수고로 자란다는 말이에요.

농부는 새벽녘 동트기 전에 일어나 밤새 벼가 잘 있는지 살피러 집을 나선답니다. 그리고 하루 종일 농작물을 돌보지요. 무엇보다 힘들고 고된 건 오후 내내 뜨거운 햇볕 아래 쪼그리고 앉아 호미를 들고 김매는 일이에요. 잡초를 뽑아 주고 논밭의 흙을 갈아 주는 김매기는 병충해를 막아 줄 뿐만 아니라 땅을 기름지게 하는 중요한 작업이지요.

그렇게 하루 종일 일한 농부의 검게 그을린 얼굴은 열심히 일했다는 정직한 표시예요. 해가 저물면 농부는 종일 김을 매던 농기구를 흐르는 물에 씻고 집으로 돌아옵니다. 이렇게 농부는 자식을 키우듯 걱정하고 염려하며, 보듬고 쓰다듬어 농작물을 키웁니다.

쌀 미(米) 자에는 팔(八)이 두 번 들어가 있어요. 한 톨의 쌀을 만들기 위해 농부의 손길이 여든여덟 번이나 필요했다는 뜻이지요. 오늘 여러분의 식탁에 오른 밥 한 공기는 이렇게 만들어졌답니다.

전통 농가 38쪽 ------▶ 전통 장터 40쪽

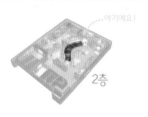

여든여덟 번 손길만큼 자라요

2층

여기예요!

모내기
좁은 논에서 많은 곡식을
얻을 수 있는 방법이지요.

  푸른 생명이 돋아나는 봄이면 농부는 한 해 농사 준비로 손길이 분주해집니다. 몸도 마음도 바쁘지만, 풍성한 가을 수확을 생각하며 즐거운 마음으로 열심히 일하지요.

  여름이 되면 농부들은 모내기를 하고 벼와 함께 자라는 잡초를 제거하는 일로 바빠집니다. 또한 장마철에 큰 피해가 없도록 늘 논과 밭을 지켜봅니다. 농작물은 농부의 손길이 닿는 면이 많으면 많을수록 잘 자라거든요. 그러니 농부는 여든여덟 번의 손길만큼 부지런히 농작물을 돌봐야 하지요.

봄

봄에는 모내기를 하기 좋게 모판을 만들고, 흙을 기름지게 하기 위해 논을 갈아요. 그리고 논의 물이 새지 않도록 논두렁을 튼튼히 하고 무자위로 물을 끌어 흙을 부드럽게 하지요. 그리고 쟁기질한 흙을 잘게 부수어 평평하게 해 모가 잘 적응할 수 있도록 해요.

여름

여름에는 먼저 모내기를 합니다. 모가 논에 뿌리를 내리기 시작하면 김매기를 해 주어, 잡초를 없애고 흙을 부드럽게 해 줍니다. 그리고 물을 풍부하게 대 주어야 하지요. 벼농사에서는 논에 물을 대 주는 일이 중요해요. 열심히 일한 후에 먹는 새참도 기다려지지요.

여기서
잠깐!

숨은 그림 찾기
논에 꾸물꾸물 뭔가 보이는 것
같아요. 다음 **보기**에 있는
것들을 찾아보세요!

보기

메뚜기, 개구리, 잠자리,
나비 애벌레, 새

정답은 56쪽에

김매기와 물 주기로 힘든 여름이 가고 나면 벼는 서서히 익어갑니다. 가을에는 넓은 들판이 황금빛으로 바뀌지요. 농부들의 마음도 풍성해지고 수확의 기쁨을 누리는 시기예요.

겨울에는 논에서 이루어지는 농사일은 없어요. 그렇다고 농부들의 일손이 한가한 것은 아니랍니다. 집에서 농기구를 만들거나 수리하며 다음 해 농사를 준비해야 하니까요.

김매기
모가 논에 뿌리를 내리기 시작하면 주변의 잡초를 없애 주는 일이에요. 또 모 사이의 땅을 일궈 흙을 부드럽게 해 주어 벼가 잘 자라게 합니다.

가을

가을은 추수를 하는 계절입니다. 다 익은 곡식을 먹으려는 새를 쫓는 농부의 '워이~' 소리가 들리나요? 농부는 이제 벼 베기를 해요. 베어 낸 벼는 며칠 간 논자리에서 잘 말린 뒤 지게나 달구지 등을 이용하여 집으로 옮겨서 타작해요. 이삭 줍는 아낙네도 보이지요?

겨울

겨울에는 농사를 짓지는 않지만 그렇다고 농부들이 쉬는 건 아니에요. 논의 흙을 기름지게 하기 위해 거름을 내어 뿌려 두고, 집에서는 농기구를 손질합니다. 빈 논은 동네 꼬마 아이들의 차지랍니다. 논바닥에서 썰매를 타거ㅣ 말뚝박기 놀이를 하기도 하고, 연을 날리기도 하지요.

전시실 논바닥에서도 귀여운 동물 친구들을 찾아보세요.

뿌린 만큼 그리고 바쁜 만큼

... 여기예요!

2층

✐ 파종
씨 뿌리기.

봄에는 밭에 씨를 뿌리는 일로 바쁘지요. 분주한 농부의 손길을 따라가 볼까요? 쟁기로 밭갈이를 하고 이랑을 지어 거름을 준 다음, 보리, 콩, 조, 수수 등을 파종하느라고 바쁜 나날을 보내죠.

초여름 농부는 가장 힘들고 고됩니다. 모내기와 보리베기가 거의동시에 이루어지기 때문이에요. 또한 밭농사에서 가장 힘든 잡초 뽑기까지 해야 해요. 여름 내내 잡초와 씨름을 해야 하지요. 특히 가뭄과 장마에는 물 조절에도 신경써야 해요.

여름

봄

여름 밭은 아주 바빠요. 지난 겨울에 파종한 보리를 수확하거든요. 모내기와 거의 같이 해야 하기 때문에 농부 아저씨들은 눈코 뜰 새 없어요. 또 뜨거운 햇볕 아래 하루 종일 쪼그리고 앉아 김매기를 해야 하지요. 그래야 병충해를 막고 땅을 기름지게 만들어, 농작물이 잘 자랄 수 있으니까요.

봄 밭은 이제 농사 준비가 한창이랍니다. 쟁기로 밭을 갈고, 거름을 뿌려 주는 일도 잊지 않아야겠지요. 밭에는 콩과 감자 등을 심었어요. 또 한식날에는 조상의 산소에 찾아가 인사를 드리고 산소를 살폈어요. 우리가 잘사는 건 모두 조상 덕분이니까요.

여기서
잠깐!

숨은 그림 찾기
밭고랑 사이로 동물들이 숨어 있네요.
보기에 있는 것들을 찾아보세요.

보기

| 토끼, 개미, 두더지, |
| 달팽이, 지렁이, 쥐 |

정답은 56쪽에

가을이 되면 콩, 조, 수수, 팥, 깨, 고구마 등의 농작물이 여물어 가요. 이 무렵 농부들은 각종 산심승과 새들이 농작물을 해치지 못하도록 허수아비를 만들어 밭의 이곳저곳에 세워 두었어요. 볕이 잘 드는 곳에 있는 밭은 늦가을에도 보리나 밀을 파종하기도 했어요.

추운 겨울이면 밭의 농작물이 얼어 죽지 않도록 짚으로 덮어 주어야 해요. 음력 정월 대보름 무렵에는 밭두렁을 불에 태웠는데, 이것은 농작물에 피해를 주는 병균이나 벌레를 태워 없애기 위해서였지요.

보리밟기

보리 싹이 돋아나면 보리 밟기를 해요. 새파랗게 올라오는 싹들을 발로 꾹꾹 밟아 주면 겨울 내내 뿌리가 땅속에서 마르지 않고 추운 겨울을 잘 견딜 수 있답니다.

 가을

겨울

가을 밭은 역시 수확의 계절로, 분주하지만 즐겁고 풍성합니다. 수수와 조를 거두고, 고추를 따며, 배추를 뽑지요. 가을걷이가 끝난 밭에는 다음 해의 농사를 위하여 가을갈이를 하고 거름을 내두었어요.

겨울 밭은 겨울 논과는 달리 보리가 바로 심겨진답니다. 늦가을에 보리나 밀을 파종한 밭에서는 겨울 내내 보리나 밀이 파랗게 자라는 것을 볼 수 있어요. 농사를 짓지 않아도 농부는 겨우내 농기구를 손질하고, 종자를 고르고 가마니와 짚신을 짜며 내년 봄을 준비한답니나. 저기 땔감해 오는 아저씨가 보이나요?

여기예요!

2층

절기에 따라 행해진 농경 민속

솟대

솟대는 마을의 안녕과 풍요를 바라는 마음에 나무나 돌로 만든 새를 긴 장대 위에 얹어 마을 입구에 세운 것이에요. 옛날 사람들은 새가 하늘과 사람을 이어 준다고 생각했어요.

농부의 사계절은 참 바쁘다는 걸 잘 살펴보았지요? 우리가 먹는 다양한 먹을거리들은 이렇듯 농부의 바쁜 손길과 땀의 결실이에요. 그렇다고 농부가 12개월 내내 농사일만 한 건 아니에요. 마을 사람들과 어울려 서로 고된 농사일에 대해 위로하기도 하고, 힘을 모아 농사일을 더 잘하기 위해 여러 가지 행사를 하며 단합하기도 했답니다. 이런 행사들을 농경 민속이라고 해요. 농경 민속은 24절기에 맞춰진 세시 풍속과 민속 신앙으로 나눌 수 있어요.

이 중 두레는 일손이 많이 가는 농사철에 효과적으로 일하기 위해 마을 사람들이 힘을 합쳤던 대표적인 농경 민속이에요. 본격적인 농사철이 되면 혼자서는 농사일을 하기 힘들어요. 특히

동제

한마을에 사는 사람들이 동네의 안녕과 농사의 풍요를 기원하는 마음으로 드리는 제사입니다. 동제 기간에는 나쁜 일을 막기 위해 동네 입구에 금줄을 치고 제사 우두머리의 지도 아래 마을의 이장을 뽑거나, 품삯을 결정하고, 마을 공사 등의 크고 작은 일을 결정했어요.

들돌들기

두레 농사가 끝나고 호미씻이 놀이를 할 때 음식과 놀이를 즐기면서 힘자랑을 하는 것을 말합니다. 대보름이나 추석 명절 때 마을의 정자나무 아래에서 들돌들기를 했습니다.

모내기나 김매기는 아주 힘든 작업이라서 여럿이 공동으로 하는 게 더 효과적이에요.

이렇게 마을 전체 논밭의 김매기가 끝나면, 김매기 작업을 마친 념으로 돌아올 때 냇가에서 논호미를 씻는 호미씻이를 해요. 한 해의 두레를 마무리짓는 행사이지요. 이런 두레 문화는 '나'보다는 '우리'라는 공동체 문화를 보여 주고 있어요.

풍년과 안녕을 기원하는 민속 신앙

민속 신앙은 한 해의 풍년을 기원하는 농부들의 바람과 믿음이랍니다. 한마을 사람들은 자신뿐만 아니라 마을 전체의 안녕과 풍년을 비라면서 제사를 드렸어요. 비가 오지 않을 때에는 기우제를 올리고, 한 해의 평온을 기원하며 동제를 지냈답니다.

두레
농번기에 서로 협력하기 위해 만든 마을 공동 조직을 말해요. 우리 조상들은 혼자 하기 힘든 농사일을 이렇게 서로를 도와가며 했답니다. 그중에서도 모내기와 수확처럼 노동력이 많이 필요할 때 조직되었지요.

기우제
가뭄이 들거나 홍수가 나면 농사에 큰 피해를 줄 수 있어요. 그래서 가뭄이 들면 마을 사람들은 다 같이 비를 내려 달라고 하늘에 제사를 지냈답니다.

호미씻이
여름내 고되고 힘들었던 김매기가 끝나면 김맬 때 썼던 호미를 씻이 손질해 두었습니다.

농기
'봄에 씨를 뿌리지 않으면, 가을에 결실할 것이 없다.'는 뜻의 '춘무인추무의'를 적은 농기는, 풍물패를 상징해요. 이 깃발은 농악대의 분위기를 흥겹게 돋우아 주고, 서로 호흡을 맞추는 데 중요한 역할을 했어요.

春無仁秋無義

한 눈에 보는 농가월령가

농가월령가는 조선 후기 헌종 때 정학유가 농가에서 매달 할 일과 풍속 등을 한글로 지은 노래랍니다. 계절의 변화와 함께 농사일과 세시 풍속, 놀이와 행사 및 다양한 음식들의 이야기가 담겨 있어요. 농부들에게 주는 여러 가지 가르침을 월별로 나누어 교훈을 섞어

1월령 (양력 2월 4일경~3월 5일경)

새해를 맞이하는 달로 일 년 농사 준비, 설날과 대보름의 풍속을 노래했어요.

2월령 (양력 3월 6일경~4월 4일경)

봄 논밭 갈이와 나무 다듬기, 봄맞이 청소와 가축 기르기, 약초 캐기를 노래했어요.

3월령 (양력 4월 5일경~5월 5일경)

성묘, 논농사 준비와 밭에 씨 뿌리기, 과일나무 접붙이기, 장 담그기를 노래했어요.

4월령 (양력 5월 6일경~6월 5일경)

바빠지기 시작하는 농사철로 물을 댄 논에 이른 모내기, 누에 농사 등을 노래했어요.

5월령 (양력 6월 6일경~7월 6일경)

보리 타작, 고치 따기, 단오날의 풍경, 장마 준비 등을 노래했어요.

6월령 (양력 7월 7일경~8월 7일경)

부지런히 김매기를 하고 농작물을 잘 가꾸어야 함을 노래했어요.

노래하고 있지요. 농가월령가를 잘 따라가다 보면 농사짓는 일을 으뜸으로 생각했던 우리 조상들이 어떻게 함께 나누며 어울려 살았는지 한눈에 알 수 있답니다. 이 노래를 만든 정학유는 다산 정약용의 둘째 아들로, 형인 정학연과 함께 유배 중인 아버지 정약용의 학문 활동을 도왔다고 합니다.

7월령 (양력 8월 8일경~9월 7일경)

칠월 칠석 사랑 이야기와 김매기와 피 고르기, 무와 배추 씨 뿌리기를 노래했어요.

8월령 (양력 9월 8일경~10월 7일경)

곡식이 무르익어 풍성하고 즐거운 농사일과 추석의 풍경을 노래했어요.

9월령 (양력 10월 8일경~11월 6일경)

잘 익은 농작물을 거둬들이고 내년 농사 준비에 대해 노래했어요.

10월령 (양력 11월 7일경~12월 6일경)

무와 배추의 수확, 김장 준비 등 추운 겨울을 대비함과 가정의 화목을 노래했어요.

11월령 (양력 12월 7일경~1월 5일경)

메주 쑤기와 동지의 여러 가지 풍속, 가축 돌보기와 거름 준비를 노래했어요.

12월령 (양력 1월 6일경~2월 3일경)

지난해의 잘잘못을 돌이켜 보며, 새해 준비를 하고 농사에 힘쓰기를 노래했어요.

※ 농업박물관에 전시된 이 농가월령도는 풍속 화가 혜촌 김학수 선생이 1986년에 그린 작품입니다.

농부의 집, 전통 농가

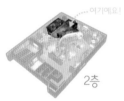

여기예요!

2층

여러분은 어떤 집에 살고 있나요? 옛날 우리 조상들이 살았던 집은 요즘 우리가 사는 집과는 그 모습이 참 많이 다르답니다.

대부분 농사를 짓고 살다 보니, 집의 모습이 농사의 영향을 받을 수밖에 없었거든요.

❶ 건넌방

건넌방은 남자들의 공간이에요. 사랑방이 없는 집에서는 사랑방의 역할도 했어요. 농사일이 적은 겨울철에는 새끼를 꼬고 가마니나 자리를 짜는 등 일을 하는 작업장이기도 했어요.

❷ 뒷간

뒷간은 지금의 화장실을 말해요. 거름을 얻기 위해 똥을 잘 썩힐 수 있는 재와 볏짚 등을 같이 보관했답니다. 농부는 농작물의 씨앗만큼 거름을 소중히 여겼어요.

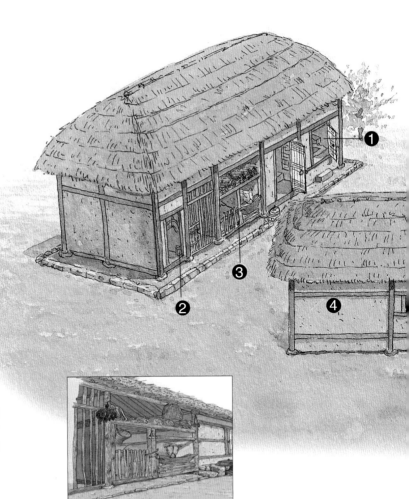

❸ 외양간

소와 돼지, 닭과 같은 가축을 기르는 외양간은 건넌방이나 행랑채와 붙어 있는 경우가 많았고 방앗간이나 곳간은 외양간 옆에 위치하는 경우가 많았어요.

우리 농촌의 전통 농가는 보통 안방과 건넌방 그리고 부엌과 다양한 부속채를 갖추고 있습니다. 부속채는 외양간, 곳간, 방앗간 같은 곳이에요. 구조는 기후와 지형 조건에 따라 조금씩 다릅니다. 산이 높고 추운 지방은 'ㅁ'자형, 따뜻한 남부 지방은 'ㄱ'자형이나 'ㅡ'자형이 많아요.

그럼 우리 조상들의 전통 농가는 어떤 모습이었는지, 한번 구석구석 살펴볼까요?

❺ 부엌

전통 가옥의 부엌은 다소 불편한 공간이었어요. 무엇보다 온돌과 아궁이가 방보다 낮고 좁았기 때문에 불편했지요. 이곳에서 가족을 위한 따뜻하고 맛있는 음식을 만들었어요.

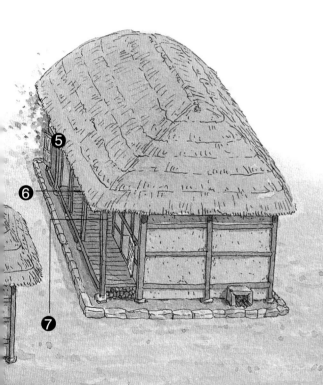

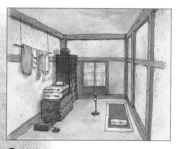

❻ 안방

안방은 여자들의 공간으로 여자들은 이곳에서 옷감을 짜고, 바느질이나 다듬이질을 하는 등과 같은 집안일을 했어요.

❹ 디딜방앗간

전통 농가에서 꼭 필요한 공간이 바로 디딜방앗간입니다. 수확한 곡식을 디딜방아나 절구통 등을 이용해 밥을 해 먹을 수 있게 곡식을 찧고 다듬는 곳이에요.

❼ 대청마루

온돌이 겨울철 난방 시설이었다면, 대청마루는 여름을 시원하게 보낼 수 있게 해 주는 공간이었어요. 구석에 쌀을 보관하는 뒤주를 두기도 했어요.

여기예요!

2층

정보와 물건을 교환하는 곳

여러분은 우리말로 '저자'라고 하는 전통 장터(재래시장)에 가 본 적이 있나요? 요즘 우리는 필요한 물건이 있으면 대형 할인매장이나 백화점 또는 가까운 시장에 가서 언제든지 살 수 있지요. 하지만 옛날 사람들은 필요한 물건이 있으면 5일이나 7일 만에 한 번씩 열리는 장날을 기다려야 했답니다.

15세기를 거치면서 우리 풍토에 맞는 농기술이 눈부시게 발전하기 시작하자 농업 생산력이 높아졌고, 사람들은 다양한 농작물을 재배하게 되었지요. 이때부터 사람들은 먹고 남는 곡식을 자신이 필요한 물건과 바꿀 수도 있었어요.

유기점
제사를 드릴 때 쓰는 그릇이나 놋그릇은 장터에서 꽤 비싼 물건이었어요. 그래서 주로 물건을 사는 사람은 양반들이었어요.

포목점
포목점은 옷감을 파는 곳이랍니다. 비단, 무명, 그리고 자수를 놓은 옷감 등 다양한 옷감을 살 수 있었습니다.

보부상
오늘날처럼 상가나 시장이 발달되지 않았던 시절에 장을 돌며 사람들이 필요로 하는 여러 가지 물건을 팔던 사람들이에요.

장터는 산간 지방보다는 농작물의 생산량이 많은 평야 지방에서 활발히 열렸어요. 보통은 고을마다 5~6곳의 장이 다른 날짜에 정기적으로 열려 나중에는 각 고을에 장이 서지 않는 날이 거의 없었다고 해요. 그러다 보니 장터를 따라 돌며 물건을 파는 장사꾼도 생겨났습니다. 이런 사람들을 '보부상'이라고 해요.

또 장터는 오랜만에 만난 다른 마을에 사는 사람들이 서로 어울리고 크고 작은 놀이마당이 열리기도 하는 흥겨운 곳이었어요. 그래서 옛날 사람들은 장날을 기다리기도 했답니다.

장터에서는 어떤 물건을 사고팔았을까요?

주로 거래되는 물품은 농부가 직접 가꾼 곡식이나 채소, 가축, 바닷가나 강에서 잡은 물고기, 산에서 딴 열매, 그리고 옷감, 그릇, 농기구 등 수공예품이었어요. 다른 지역에서 나는 특산물은 여러 장을 돌아다니는 보부상들이 팔았답니다.

장터는 조선 시대에 농촌경제 활동지였어요. 단순히 물건을 사고파는 곳이 아니라, 이웃 마을 사람들은 어떻게 사는지, 정보를 주고 받기도 하고 그동안 못 만났던 이웃을 만날 수도 있는 곳이었어요.

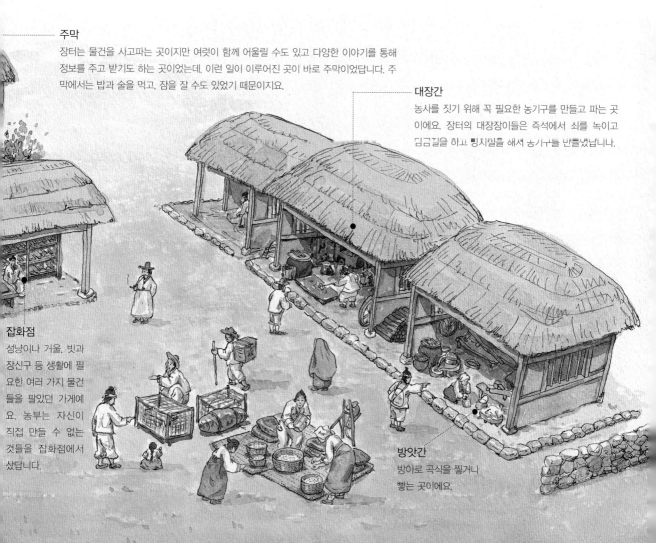

주막
장터는 물건을 사고파는 곳이지만 여럿이 함께 어울릴 수도 있고 다양한 이야기를 통해 정보를 주고 받기도 하는 곳이었는데, 이런 일이 이루어진 곳이 바로 주막이었답니다. 주막에서는 밥과 술을 먹고, 잠을 잘 수도 있었기 때문이지요.

대장간
농사를 짓기 위해 꼭 필요한 농기구를 만들고 파는 곳이에요. 장터의 대장장이들은 즉석에서 쇠를 녹이고 담금질을 하고 망치질을 해서 농기구를 만들었답니다.

잡화점
성냥이나 거울, 빗과 장신구 등 생활에 필요한 여러 가지 물건들을 팔았던 가게에요. 농부는 자신이 직접 만들 수 없는 것들을 잡화점에서 샀답니다.

방앗간
방아로 곡식을 찧거나 빻는 곳이에요.

농협홍보관

지하 1층

농협홍보관은 우리나라 농업의 우수성과 농업의 중요성을 느낄 수 있는 전시관입니다.

쌀이 밥이 되어 우리 식탁에 오르기까지 거치는 과정을 알기 쉽게 살펴볼 수 있는 곳이지요.

또 우리의 자랑, 김치의 역사와 담그는 방법, 발효 과정을 전시해 김치의 과학성을 알 수 있도록

해 놓았습니다.

더불어 변화하는 농촌의 모습과 농업 기술의 개발로 현대화된 농촌의 모습도 만날 수 있습니다.

조상의 지혜와 함께 현대화되고 발전된 농촌의 모습을 만나 보러 갈까요?

질 좋은 우리 쌀 44쪽 ----▶ 맛 좋은 김치 46쪽 ----▶ 농업은 참 중요해요 48쪽 ----▶

흙과 거름 이야기

똥이 뿌려진 흙에서 튼튼한 생명이 자란다는 사실, 여러분도 알고 있지요? 똥으로 만든 거름을 주면 거뭇거뭇하고 촉촉하며 푸근한 흙이 되지요. 이 흙은 햇빛과 물을 벗삼아 식물의 싹을 틔워요. 그리고 뿌리를 내릴 수 있도록 돕고, 좋은 열매를 맺게 한답니다.

사람은 흙에서 자란 식물로 만든 음식을 먹고, 누구나 똥을 누지요. 그 똥은 잘 썩어 거름이 된답니다. 그리고 논밭에 뿌려져 흙에 생명을 불어넣어 주지요. 이 흙에서 자란 곡식과 채소, 과일은 싱싱한 먹을거리가 되어 다시 식탁에 올라와요.

이런 거름과 흙, 먹을거리의 순환은 많은 사람들을 건강하게 해 주었답니다. 그러나 주거 환경이 바뀌고 도시 문화가 발달하면서 순환 관계는 깨지고 말았어요. 똥은 이제 흙으로 돌아가 제 몫을 다하지 못하고, 거름 대신 화학 비료와 농약이 뿌려진 흙은 병들어 가고 있답니다.

이제 똥이 흙으로 돌아가는 일은 어쩌면 힘들지 몰라요. 그러나 앞으로 똥으로 거름을 만드는 연구는 이루어져야 할 거예요. 그건 환경을 살리고, 쓰레기를 줄이며 좋은 먹을거리를 만드는 일이니까요. 미래의 농업은 많은 양의 곡식을 수확하는 일보다, 자연과 사람의 건강을 먼저 생각하는 일에 더 노력해야 합니다.

여기예요!

지하 1층

우리 민족과 함께한 문화, 쌀

자르르 윤기가 흐르고 모락모락 김이 피어오르는 갓 지은 밥 한 그 릇, 생각만 해도 먹고 싶지 않나요? 우리 민족은 수천 년 전부터 벼 농사를 지었고 쌀을 통해 생명을 이어 왔답니다. 앞으로도 쌀은 주식 으로 우리에게 힘의 바탕이 될 거예요.

이 땅에서 처음 농사를 지을 때 우리 조상들은 피, 조, 수수 같은 곡물을 키웠습니다. 그러다 벼가 전래되면서 농사짓는 기술은 한층 더 발달하게 되었고, 조선 시대에 이르러 쌀의 생산량이 늘어나면서 우리 민족의 주식으로 자리 잡았어요.

쌀이 주식으로 자리 잡게 된 것은 자연 조건과도 잘 맞았지만, 무 엇보다 담백하고 소화이용률이 어느 곡식보다 높기 때문이랍니다. 또 한 밥을 중심으로 한 전통적인 식단은 국, 김치 등 다양한 반찬과도 잘 어울려 싫증이 나지 않게 먹을 수 있다는 장점도 있지요.

그런데 우리 민족에게 쌀은 단순히 먹을거리 이상의 특별한 의미 가 있답니다. 밥은 목숨과도 같은 존재였어요. '식사하셨어요?'라고 건 네는 인사말에서도 알 수 있듯이, 생활 곳곳에서 밥을 귀하게 여기는 우리 민족의 생각을 살펴 볼 수 있어요.

살아가면서 우리가 겪는 의례에서도 늘 빠지지 않고 등장하는 게

밥
아침밥을 먹으면 포도당이 뇌 에 공급되어 창의력, 기억력 그 리고 집중력이 높아진답니다. 밥을 먹으면 살을 찌게 하는 인 슐린이란 성분이 적게 분비되 어 빵이나 감자보다 다이어트 에도 좋답니다.

쌀의 한살이

쌀 → 밥
↑　　↓
이삭　씨
↑　　↓
벼 ← 모

① 튼튼한 씨
소금물가리기로 튼튼한 씨앗만을 선택해요. 깨끗이 소독한 볍씨를 싹틔우기 전에 충분 히 물에 담가 1~2일 정도 두면 싹이 터서 2 밀리미터 정도 자라요. 이 볍씨를 못자리나 모판에 뿌리고 35일 정도 모기르기를 한 후 논에 모내기를 하지요.

씨

② 정갈한 모
지역마다 차이가 있지만 대개 5월 중에 모 내기를 해요. 예전에는 품앗이를 통해 동네 사람들이 서로 도와 함께 모내기를 했어요. 특히 모를 심을 때는 하나씩 심는 것보다 4~5포기씩 심으면 훨씬 많은 양의 벼를 얻게 돼요.

모

쌀이에요. 아기를 낳을 때 쌀과 미역, 정안수를 차려 순산을 기원하고, 돌상에도 쌀과 떡을 올려놓고, 혼인이나 흰갑 잔치에도 복을 기원하며 쌀을 얹고, 제사도 젯메를 차려 놓지요.

🖋 젯메
제사상에 올려놓는 밥.

　우리 민족에게 밥은 사람의 목숨, 재산, 일 등을 상징할 뿐 아니라 마음 상태를 나타내는 데도 두루 쓰였답니다. 사람의 죽음을 '밥 숟갈 놓았다.'라고 표현하고, 자신의 재산을 '밥 먹기도 힘들다.' 또는 '밥술이나 먹는다.'라는 말로 가난과 부유함을 표현했답니다. 또한 일자리를 '밥벌이', '밥줄'이라고 말하기도 했지요. 미운 사람은 '밥맛이 없다.'라고 이야기하고, 은근히 즐거운 일이 생기면, '밥맛 좋다.'라고 자신의 마음을 드러내기도 했어요. 또한 '밥이 보약이다.', '밥알을 흘리면 벌 받는다.'라는 말을 하기도 하지요.

　이렇듯 오랫동안 우리 민족은 밥을 중요하게 여기며, 고유한 밥 문화를 만들어 왔답니다. 그러나 최근 바쁜 일상을 살면서 우리 식탁에 즉석 식품의 비중이 높아지고 있어요. 우리의 전통 식단은 사라지고 건강 또한 해치고 있으니, 참으로 안타까운 일이에요.

신토불이 우리 농산물

신토불이란 말을 들어 본 적이 있나요? '신토불이'는 몸과 땅이 하나라는 뜻으로 자기가 사는 땅에서 얻은 농산물이 자기 몸에 가장 잘 맞는다는 것을 뜻하지요. 그렇다면 우리 땅에서 나는 농산물에는 어떤 게 있을까요? 쌀이나 보리와 같은 곡식, 과일, 채소, 꽃과 인삼이나 버섯 같은 특용 작물, 그리고 가축이 포함된답니다. 그런데 최근 수입산 농산물이 우리 건강을 해치는 일이 뉴스나 신문에 자주 등장해요. 여러분은 우리 땅에서 나는 귀한 먹을거리로 튼튼한 어린이가 되세요.

③ 쑥쑥 자라는 벼
이제 벼에는 꽃 기관이 만들어지고, 씨방이 성장해 쌀알이 만들어졌어요. 이때 벼는 영양분과 물의 흡수를 필요로 하죠. 또 잡초나 병해충에 시달리지 않게 잘 보살펴야 해요.

벼

④ 익어가는 이삭
모내기 후 벼는 뿌리를 내리고 새끼치기를 통해 줄기가 늘어나요. 햇볕이 뜨거운 여름이면 이삭이 패는 생식생장기가 되어 수술과 암술이 생겨요. 수정된 벼는 껍질(왕겨)안에서 익어가요.

이삭

⑤ 쌀 한 톨
따뜻한 가을볕은 벼를 황금빛으로 익게 도와줘요. 토실토실 여문 벼 이삭에서 낟알을 털어내고, 낟알의 껍질을 벗겨 낸 것이 우리가 먹는 쌀이에요.

쌀

세계적인 음식으로 소문난 김치

... 여기예요!

지하 1층

우리나라를 대표하는 음식이라고 하면, 무엇이 떠오르나요? 불고기나 비빔밥? 아니면 삼계탕? 한국 관광 공사에서 설문 조사를 해 보니 외국인들은 한국하면 제일 먼저 김치가 떠오른다고 했어요. 세계적으로도 그 맛과 우수성을 인정받은 김치는 이제 우리 밥상에서 빼놓을 수 없는 고유의 음식이 되었지요.

김치는 채소를 소금에 절인 후 여러 가지 양념을 버무려 발효시킨 음식이에요. 삼국 시대부터 먹기 시작한 김치는 처음에 단순히 채소를 소금에 절인 정도였지요. 그러다 조선 시대 임진왜란 이후 우리나라에 고추가 들어오면서 빨갛고 먹음직스러운 김치를 담그기 시작했어요.

사람들이 김치를 좋아하는 이유는 그 독특한 맛과 향 때문이에요. 채소는 건조시키기는 쉽지만, 마른 상태에서는 채소의 신선한 맛이 느껴지지 않아요. 그러나 소금에 절이면 연해지고, 오랫동안 저장할 수 있게 되지요. 특히, 김치는 미생물과 효소의 영향으로 익는 과정에서 사각거리는 맛과 입맛을 당기는 향을 풍기게 되는 거예요. 무엇보다 김치가 주목받는 것은 놀라운 효능 때문이에요. 각종 채소와 젓갈이 만나 비타민과 섬유질은 물론이고, 단백질과 무기질 등이 함유된 종합 영양식품이지요.

✏️ 김치의 뜻

김치는 한자로 '침채'라고 합니다. 여기서 침은 잠길 침(浸)에, 나물 채(菜)예요. 즉 침채는 '채소를 소금물에 담그다.'라는 뜻이지요. 이 침채가 딤채로 발음되고, 다시 김채로 바뀌었다가 오늘날의 김치가 되었을 거라고 짐작하지요.

고추는 어디에서 왔을까요?

김치에 맛을 더해 우리의 입맛을 사로잡은 고추는 원래 멕시코 일대의 중부 아메리카 대륙에서 자라던 농작물이에요. 그 후 15세기에 유럽으로 전파되고, 16세기 초에는 일본과 중국에 전파되었어요. 그리고 한반도에 들어온 것은 17세기 조선 시대였어요. 이후 중국에서 여러 품종이 들어와 18세기에는 본격적으로 우리 밥상뿐 아니라 생활 속에 자리잡게 되었어요. 매운 김치의 역사는 400년밖에 안 되었지만 이제는 우리 식생활에서 빼놓을 수 없는 음식이 되었지요.

또 저칼로리 음식으로 **성인병** 예방에도 좋고, 다이어트에도 아주 효과적이에요. 최근에는 김치의 주재료인 채소나 마늘과 발효 과정에서 생기는 유산균이 암을 억제하고 예방해 준다는 연구 결과까지 나오면서 세계적인 건강 식품으로 떠오르게 되었습니다.

성인병
중년 이후에 문제가 되는 병들을 발하며 동맥 경화, 고혈압, 당뇨병 등이 대표적인 성인병입니다.

보쌈김치

총각김치

포기김치

김치는 어떻게 저장하나요?
김치는 적당한 온도에서 보관해야 잘 숙성되고 오래 보관할 수 있어요. 요즘 나오는 김치 냉장고는 이런 김치의 특성에 잘 맞춰진 것이지요. 그렇다면 김치 냉장고가 없던 옛날에는 어떻게 했을까요? 지혜로운 우리 조상들은 여름에는 김치 항아리를 개울이나 우물에 담가 두었고, 겨울에는 김치광(오른쪽)을 만들어 땅에 묻어 두었어요. 이렇게 하면 일정 온도를 유지하여 오랫동안 김치 맛을 지킬 수 있었습니다.

농업은 참 중요해요

　농업박물관의 견학을 모두 마칠 시간이 되었군요. 까마득한 옛날부터 시작된 먹고사는 문제에 대한 고민은 사람들의 생활을 풍요롭게 하고 사회를 변화·발전 시켰으며 최첨단 과학이 발달된 지금에 이르기까지 계속되고 있답니다. 그러나 아직도 그 고민은 해결되지 않았어요. 지금도 북한이나 아프리카의 아이들은 굶주림과 질병으로 매년 수만 명이 죽어가고 있답니다. 또 앞으로 식량 부족 등으로 국제적 위기가 닥칠 거라고 전문가들은 경고하고 있어요.

　우리는 먹지 않고는 살 수가 없어요. 그래서 우리가 살아가는 데, 꼭 필요한 먹을거리를 제공해 주는 농업은 그 어떤 산업보다 중요하지요. 그러나 농업이 보호받고 발전되어야 하는 이유는 식량 문제 때문만은 아니에요.

　농사를 짓는 일은 무엇보다도 자연을 보호하는 일이기도 하지요. 주로 여름철에 많은 비가 내리는 우리나라는 벼농사를 통해 논에 많은 물을 가두어 홍수를 예방할 수 있어요.

뿐만 아니라 그렇게 가둔 물은 땅 깊숙이 스며들어 지하수가 된답니다. 또 논과 밭은 땅과 공기, 물의 더러움을 걸러 깨끗하게 보존해 주고, 아름답고 멋진 경치를 보여 주기도 해요.

요즘 우리나라는 'IT(정보 기술)의 강국'이라고 세계적으로 인정받고 있어요. 그러는 동안 안타깝게도 농업은 낙후된 산업으로 여겨졌지요. 그러나 이상 기온 등으로 갑자기 너무 많은 비가 와 홍수가 난다거나 너무 더워져 가뭄이 들어 흉년이 들었다고 생각해 보세요. 우리에게 필요한 그 많은 식량을 어디서 구할 수 있을까요? 식량 부족으로 경제 위기에 빠진 다른 나라들도 "이제 곧 식량 확보가 무엇보다 중요하다."라는 값진 교훈을 깨달았답니다. 그래서 선진국들은 스스로 식량 문제를 해결하려고 농업에 힘쓰고 있어요.

이제 우리는 농업박물관을 나서며, 농부의 땀과 정성이 담긴 곡식과 농업의 중요성에 대해 되새겨 봐야 할 거예요. 이곳에서 얻은 여러 가지 생각과 깨달음이 여러분의 몸과 마음을 살찌워 튼튼한 어린이로 자라게 할 테니까요.

나는 농업박물관 박사!

농업박물관을 잘 둘러보았나요? 전시관에서 본 것과 책에서 읽은 내용을 바탕으로 머리에 쏙쏙 들어오는 퀴즈를 풀어 보세요.

❶ 농기구를 맞게 연결해 보세요.

농업박물관에서 본 다음 농기구들의 이름과 기능은 무엇일까요?
농기구의 이름과 모습, 하는 일을 알맞게 연결해 보세요.

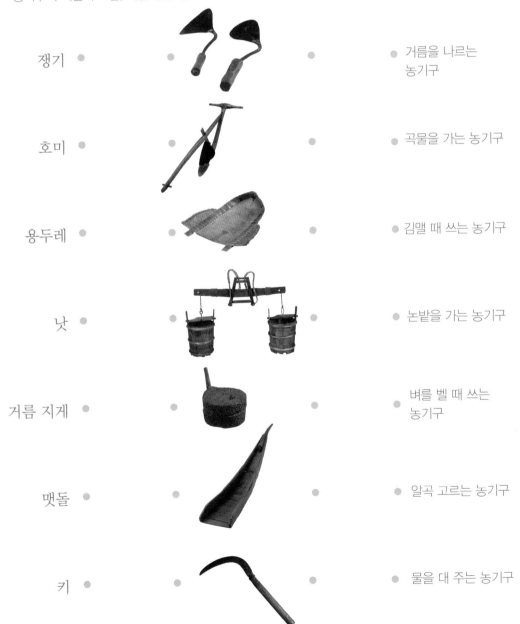

쟁기	•		•	거름을 나르는 농기구
호미	•		•	곡물을 가는 농기구
용두레	•		•	김맬 때 쓰는 농기구
낫	•		•	논밭을 가는 농기구
거름 지게	•		•	벼를 벨 때 쓰는 농기구
맷돌	•		•	알곡 고르는 농기구
키	•		•	물을 대 주는 농기구

② 어떤 식물이 어떤 옷감을 만들까요?

다음은 우리 조상들이 가장 많이 사용했던 옷감의 재료들이랍니다. 옷감과 맞게 연결해 보세요.

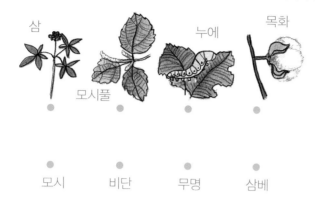

삼	모시풀	누에	목화

| 모시 | 비단 | 무명 | 삼베 |

③ 도전 골든벨 OX 퀴즈!

다음 질문에 O 또는 X로 풀어 보세요.

1. 처음 농사를 짓고 사냥 대신 가축을 기르기 시작한 때는 광개토 대왕이 살던 삼국 시대부터이다. ( )
2. 쟁기질을 하는 까닭은 겨우내 딱딱해진 땅에 거름을 뿌려 영양가 있는 땅을 만들기 위해서이다. ( )
3. 논에 물을 댈 때 쓰는 농기구는 장군, 새갸토, 귀때동이, 산데기, 기름네이나. ( )
4. 보리 싹이 돋아날 때 보리밟기를 해 주는 까닭은 여름내내 뜨거운 햇볕에 말라 죽는 것을 막기
   위해서이다. ( )
5. 쌀 미(米) 자는 벼를 키우는 농부의 여든여덟 번의 수고와 노력을 의미한다. ( )
6. 땅이 가장 좋아하는 영양제는 최첨단 과학 기술로 만들어진 화학 비료이다. ( )
7. 미래의 농업은 자연과 땅 그리고 사람을 우선 생각하며, 생명 공학과 최첨단 기술로 발전하게
   될 것이다. ( )

맞은 개수	현재 나의 상식 수준
1~2개	박물관을 다시 견학해 볼까요?
3~4개	농업에 대해 제법 알고 있군요!
5~6개	혹시 당신은 농부 아저씨인가요?
7개	김순권 박사님 같은 농학사가 될 친구군요!

정답은 56쪽에

나는 농업박물관 박사!

④ 농부의 마음을 써 보세요.

보기에 있는 농부의 마음을 읽고 밑줄에 알맞은 말을 써 보세요.

> **보기**
>
> **씨앗을 귀하게 여기는 마음** – 농사꾼은 굶어 죽어도 종자를 베고 죽는다.
>
> **거름을 소중하게 여기는 마음** – 한 사발의 밥은 남에게 주어도 한 삼태기의 재는 남에게 주지 않는다.
>
> **부지런히 농사짓는 마음** – 쌀 농사는 여든여덟 번 땀을 흘리는 각오로 한다.

갖은 정성과 노력으로 키운 곡식들, 가을녘 황금 들판을 바라보는 농부의 마음은 어떨까요?

_____

⑤ 쌀의 한살이를 알아맞혀 보세요.

윤기가 흐르고 김이 모락모락 나는 맛있는 밥은 어떤 과정을 거쳐서 우리 밥상에 오르는 걸까요?
다음 그림을 보고 괄호 안에 어떤 것이 와야 할지 번호를 써 보세요.

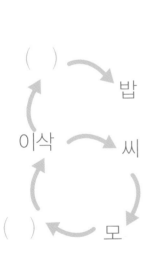

① 튼튼한 씨

② 정갈한 모

③ 쑥쑥 자라는 벼

④ 익어가는 이삭

⑤ 쌀 한 톨

⑥ 십자말풀이를 해 보세요.

〈가로 열쇠〉

1. 조선 시대 세종 때 씌여진 우리나라에서 가장 오래된 농서.

2. 12개월로 구성된 농사일과 세시 풍속을 읊는 노래.

3. 어이가 없을 때, 'ㅇㅇㅇㅇ가 없다'라고 말할 맷돌의 맷수.

4. 고려 시대 산비탈을 깎아 이것을 만들어 농경지를 넓힘.

5. 떡이나 쌀 등을 찔 때 쓰는, 바닥에 구멍이 뚫린 그릇.

6. 쌀이나 콩 등과 같은 곡식을 가는 데 쓰는 도구. 어처구니라는 손잡이가 있음.

7. 미리 키워 놓은 모를 논에 옮겨 심는 모내기 농사법.

8. 산이나 들에 불을 지른 다음 파서 일구어 농사를 짓는 밭.

〈세로 열쇠〉

1. 논에 직접 볍씨를 뿌리는 농사법.

2. 농사를 지을 때 사용하는 도구 전체를 가리키는 말.

3. 농사를 짓고 살던 사람들의 집. 농업생활관에 전시된 전통 ㅇㅇ.

4. 닭의 알. 달걀의 또 다른 말.

5. 조선 시대부터 시작됨. 땅에 거름을 주는 농사법.

6. 선농제를 드리는 곳. 서울 동대문구 제기동에 위치.

7. 봄이면 농부가 밭을 기름지게 하기 위해 쟁기로 땅을 가는 일.

8. 1450년에 편찬된 농업과 생활에 관해 쓴 농서로 조선 온실이 기록된 책.

9. 고려 말에 전래되어 백성들의 의복 생활에 큰 변화를 준 식물.

정답은 56쪽에

체험학습 보고서 잘 쓰기!

체험학습을 다녀온 뒤 보고서를 쓰면 견학을 통해 보고 듣고 느낀 것들을 오래 기억할 수 있고, 나중에 좋은 추억을 더듬어 볼 수 있어요. 게다가 훌륭한 과제물을 제출할 수도 있지요. 그럼 훌륭한 체험학습 보고서는 어떻게 써야 할까요?

많은 자료들을 모아요!

좋은 체험학습 보고서를 쓰기 위해서는 우선, 풍부한 자료를 준비해야 합니다. 현장을 설명한 책이나 안내서, 입장권과 사진, 스탬프 찍기 등은 꼭 챙기고 필요하다면 견학 중간에 인상 깊었던 것이나 중요한 내용은 메모를 하는 게 좋습니다. 박물관 전시실에서는 사진을 찍을 수가 없으니 지정된 장소나 박물관 이름이 보이는 곳에서 찍도록 합시다. 무료입장인 곳은 입장권이 없을 수 있답니다. 이럴 때는 스탬프를 찍거나 안내서를 꼭 챙기세요.

나만의 보고서를 만들어요!

인터넷이나 책의 내용을 그대로 베껴 제출하는 일은 없어야 합니다. 뻔한 내용이나 현장을 단순히 소개하는 글보다는 자신이 보고 듣고 느낀 점을 솔직하게 쓰는 게 좋겠지요. 어려운 낱말은 사전을 찾아 풀어서 쓰도록 해요. 참고 문헌이나 자료의 출처를 밝혀 주면 더욱 좋겠지요.

내용은 정리해서 담아요!

체험학습의 기억을 최대한 살려 쓰도록 합니다. 견학한 때와 곳, 함께 간 사람과 견학 목적을 정리한 견학 이유, 보고 들은 것과 견학 장소를 소개한 견학 내용, 견학을 통해 얻은 바를 정리한 견학 결과, 다양한 생각과 느낌을 정리한 견학 소감, 팸플릿이나 입장권을 붙이는 센스까지 있다면 만점 짜리겠죠.

- 체험학습을 다녀온 후 박물관에서 보고 듣고 느낀 것들을 정리합니다.
- 박물관에 대한 내용은 무조건 책자를 베끼지 말고 자신이 느낀 것을 정리하도록 합니다.
- 박물관 안내서를 모아 두면 숙제를 할 때 사진 등과 같은 정보로 활용할 수 있습니다

표지

맨 위에 글의 종류를 쓰면, 어떤 형식의 글인지 쉽게 알 수 있어요.
제목은 견학 장소를 알릴 수 있게 한 문장으로 요약해서 쓰고
부제목은 견학 장소의 이름을 씁니다.
박물관 현장에서 찍은 자신의 모습이 담긴 사진을
찍어 두었다가 표지에 넣으면 눈에 띄겠지요.
학년, 반, 번호와 이름도 빠뜨리지 마세요.

본문 1

언제, 어디로, 누구와 왜 견학을 다녀왔는지
잊지 말고 꼭 쓰세요.
보고서 형식을 잘 갖추어야겠지만,
여러분의 손길이 묻어나는 게 무엇보다 중요합니다.
자신만의 느낌과 생각이 잘 드러나도록 씁니다.
보고서가 어렵다고요?
그렇다면 보고서 형식이나 분량에 얽매이지 마세요.
무엇보다 중요한 건 자신만의 색깔로
보고서를 만드는 거예요.

본문 2

무엇을 보고 들었는지,
견학한 내용을 간단히 정리합니다.
견학 결과는 견학했던 것 중에서 가장 인상 깊었던 점이나
새로 알게 된 것들을 정리합니다.

견학 소감 및 자료

견학 소감은 자신만의 생각과 느낌을 솔직히 쓰면 됩니다.
더 알고 싶은 점은 견학을 하면서 궁금했던 것이나
알고 싶은 걸 메모해 두었다가 선생님께 여쭈어 보거나
인터넷이나 책을 통해 자료를 찾아보도록 합니다.
맨 마지막 장에 사진이나 티켓, 또는 박물관 안내서를
챙겨 붙여 보세요. 자료를 최대한 활용하면 보다 알찬
보고서를 쓸 수 있어요.

재미있는 보물찾기

9쪽 빗살무늬 토기
13쪽 농경문청동의기
17쪽 고구려 안악 3호분 고분 벽화

여기서 잠깐!

14쪽 솟대, 따비
19쪽
     (1)   (2)   (3)   (4)

30쪽

32쪽

나는 농업박물관 박사!

① 농기구를 맞게 연결해 보세요.

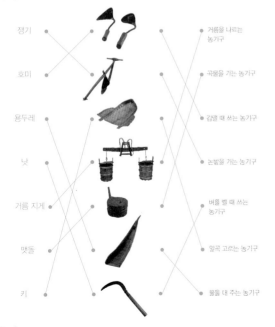

쟁기 ● ● 거름을 나르는 농가구
호미 ● ● 곡물을 가는 농가구
용두레 ● ● 김맬 때 쓰는 농가구
낫 ● ● 논밭을 가는 농가구
거름 지게 ● ● 벼를 벨 때 쓰는 농가구
맷돌 ● ● 알곡 고르는 농가구
키 ● ● 물을 대 주는 농가구

② 어떤 식물이 어떤 옷감을 만들까요?

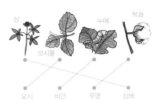

삼   모시풀   누에   목화
모시   비단   무명   삼베

③ 도전 골든벨 OX퀴즈!

1. 처음 농사를 짓고 사냥 대신 가축을 기르기 시작한 때는 광개토 대왕이 살던 삼국 시대부터이다. (X)
2. 쟁기질을 하는 까닭은 겨우내 딱딱해진 땅에 거름을 뿌려 영양가 있는 땅을 만들기 위해서이다. (O)
3. 논에 물을 댈 때 쓰는 농기구는 장군, 새갓통, 귀때동이, 삼태기, 거름대이다. (X)
4. 보리 싹이 돋아날 때 보리밟기를 해 주는 까닭은 여름내내 뜨거운 햇볕에 말라 죽는 것을 막기 위해서다. (X)
5. 쌀 미(米) 자는 벼를 키우는 농부의 여든여덟 번의 수고와 노력을 의미한다. (O)
6. 땅이 가장 좋아하는 영양제는 최첨단 과학 기술로 만들어진 화학 비료이다. (X)
7. 미래의 농업은 자연과 땅 그리고 사람을 우선 생각하며, 생명 공학과 최첨단 기술로 발전하게 될 것이다. (O)

④ 농부의 마음을 써 보세요.

예) 올해 농사도 무사히 잘 마쳤구나. 이제 수확한 곡식을
이웃과 함께 나누어야지.

⑤ 쌀의 한살이를 알아맞혀 보세요.

윤기가 흐르고 김이 모락모락 나는 맛있는 밥은 어떤 과정을 거쳐서 우리 밥상에 오르는 걸까요? 다음 그림을 보고 괄호 안에 어떤 것이 와야 할지 번호를 써 보세요.

① 튼튼한 씨   ② 정갈한 모

(⑤) → 밥
이삭   씨
(③) → 모

③ 쑥쑥 자라는 벼   ④ 익어가는 이삭

⑤ 쌀 한 톨

⑥ 십자말풀이를 해 보세요.

¹농	사	직	설		³농		⁸산
	파			²농	가	월	령	가
	법			기			요
	⁶선	⁵어	처	구	니		록
	농					
⁴게	단	식	논	⁷밭		시	루
란				갈		⁹비	목
	⁵맷	돌		이	앙	법		화	전

사진 출처

농업박물관 3p(농업박물관 전경), 4–5p(사진 모두), 8–9p(사진 모두), 10p(사진 모두), 12–13p(사진 모두), 14–15p(사진 모두), 16–17p(사진 모두), 18–19p(첨성대 제외한 사진 모두), 21p(목화), 22–23p(선농단, 농사직설을 제외한 사진 모두), 24p(사진 모두), 26–27p(콤바인 제외한 사진 모두), 30–31p(사진 모두), 32–33p(사진 모두), 36–37p(사진 모두) 38p(농가), 40p(장터), 42–43p(사진 모두), 44p(사진 모두), 46–47p(사진 모두)

김원미 18p(첨성대), 26p(콤바인), 48p(들판)

유철상 20p(계단식 논밭), 22p(선농단)

초등학교 교과서와 관련된 학년별 현장 체험학습 추천 장소

1학년 1학기 (21곳)	1학년 2학기 (18곳)	2학년 1학기 (21곳)	2학년 2학기 (25곳)	3학년 1학기 (31곳)	3학년 2학기 (37곳)
철도박물관	농촌 체험	소방서와 경찰서	소방서와 경찰서	경희대자연사박물관	IT월드(과천정보나라)
소방서와 경찰서	광릉	서울대공원 동물원	서울대공원 동물원	광릉수목원	강원도
시민안전체험관	홍릉 산림과학관	농촌 체험	강릉단오제	국립민속박물관	경희대자연사박물관
천마산	소방서와 경찰서	천마산	천마산	국립서울과학관	광릉수목원
서울대공원 동물원	월드컵공원	남산골 한옥마을	월드컵공원	국립중앙박물관	국립경주박물관
농촌 체험	시민안전체험관	한국민속촌	남산골 한옥마을	기상청	국립고궁박물관
코엑스 아쿠아리움	서울대공원 동물원	국립서울과학관	한국민속촌	서대문자연사박물관	국립국악박물관
선유도공원	우포늪	서울숲	농촌 체험	선유도공원	국립부여박물관
양재천	철새	갯벌	서울숲	시장 체험	국립서울과학관
한강	코엑스 아쿠아리움	양재천	양재천	신문박물관	남산
에버랜드	짚풀생활사박물관	동굴	선유도공원	경상북도	남산골 한옥마을
서울숲	국악박물관	고성 공룡박물관	불국사와 석굴암	양재천	롯데월드 민속박물관
갯벌	천문대	코엑스 아쿠아리움	국립중앙박물관	경기도	국립민속박물관
고성 공룡박물관	자연생태박물관	옹기민속박물관	국립민속박물관	이화여대자연사박물관	삼성어린이박물관
서대문자연사박물관	세종문화회관	기상청	전쟁기념관	전쟁기념관	서대문자연사박물관
옹기민속박물관	예술의 전당	시장 체험	판소리	천마산	선유도공원
어린이 교통공원	어린이대공원	에버랜드	DMZ	한강	소방서와 경찰서
어린이 도서관	서울놀이마당	경복궁	시장 체험	화폐금융박물관	시민안전체험관
서울대공원		강릉단오제	광릉	호림박물관	경상북도
남산자연공원		몽촌역사관	홍릉 산림과학관	홍릉 산림과학관	월드컵공원
삼성어린이박물관		국립현대미술관	국립현충원	우포늪	육군사관학교
			국립4·19묘지	소나무 극장	해군사관학교
			지구촌민속박물관	예지원	공군사관학교
			우정박물관	자운서원	철도박물관
			한국통신박물관	서울타워	이화여대자연사박물관
				국립중앙과학관	제주도
				엑스포과학공원	천마산
				올림픽공원	천문대
				전라남도	태백석탄박물관
				경상남도	판소리박물관
				허준박물관	한국민속촌
					임진각
					오두산 통일전망대
					한국천문연구원
					종이미술박물관
					짚풀생활사박물관
					토탈야외미술관

4학년 1학기 (34곳)	4학년 2학기 (56곳)	5학년 1학기 (35곳)	5학년 2학기 (51곳)	6학년 1학기 (36곳)	6학년 2학기 (39곳)
강화도	IT월드(과천정보나라)	갯벌	IT월드(과천정보나라)	경기도박물관	IT월드(과천정보나라)
갯벌	강화도	광릉수목원	강원도	경복궁	KBS 방송국
경희대자연사박물관	경기도박물관	국립민속박물관	경기도박물관	덕수궁과 정동	경기도박물관
광릉수목원	경복궁 / 경상북도	국립중앙박물관	경복궁	경상북도	경복궁
국립서울과학관	경주역사유적지구	기상청	덕수궁과 정동	고성 공룡박물관	경희대자연사박물관
기상청	경희대자연사박물관	남산골 한옥마을	경상북도	국립민속박물관	광릉수목원
농촌 체험	고창·화순·강화 고인돌유적	농업박물관	경희대자연사박물관	국립서울과학관	국립민속박물관
서대문자연사박물관	전라북도	농촌 체험	고인쇄박물관	국립중앙박물관	국립중앙박물관
서대문형무소역사관	고성 공룡박물관	서울국립과학관	충청도	농업박물관	국회의사당
서울역사박물관	충청도	서울대공원 동물원	광릉수목원	롯데월드 민속박물관	기상청
소방서와 경찰서	국립경주박물관	서울숲	국립공주박물관	몽촌토성과 풍납토성	남산
수원화성	국립민속박물관	서울시청	국립경주박물관	민주화현장	남산골 한옥마을
시장 체험	국립부여박물관	서울역사박물관	국립고궁박물관	백범기념관	대법원
경상북도	국립서울과학관	시민안전체험관	국립민속박물관	서대문자연사박물관	대학로
양재천	국립중앙박물관	경상북도	국립서울과학관	서대문형무소 역사관	민주화 현장
옹기민속박물관	국립국악박물관 / 남산	양재천	국립중앙박물관	서울역사박물관	백범기념관
월드컵공원	남산골 한옥마을	강원도	남산골 한옥마을	조선의 왕릉	아인스월드
철도박물관	농업박물관 / 대법원	월드컵공원	농업박물관	성균관	서대문자연사박물관
이화여대자연사박물관	대학로	유명산	롯데월드 민속박물관	시민안전체험관	국립서울과학관
천마산	롯데월드 민속박물관	제주도	충청도	경상북도	서울숲
천문대	몽촌토성과 풍납토성	짚풀생활사박물관	서대문자연사박물관	암사동 선사주거지	신문박물관
철새	불국사와 석굴암	천마산	성균관	운현궁과 인사동	양재천
홍릉 산림과학관	서대문자연사박물관	한강	세종대왕기념관	전쟁기념관	월드컵공원
화폐금융박물관	서울대공원 동물원	한국민속촌	수원화성	천문대	육군사관학교
선유도공원	서울숲	호림박물관	시민안전체험관	철새	이화여대자연사박물관
독립공원	서울역사박물관	홍릉 산림과학관	시장 체험 / 신문박물관	청계천	중남미박물관
탑골공원	소선의 왕릉	하회마을	경기도	짚풀생활사박물관	짚풀생활사박물관
신문박물관	세종대왕기념관	대법원	강원도	태백석탄박물관	창덕궁
서울시의회	수원화성	김치박물관	경상북도	해인사 고려대장경과 장경판전	천문대
선거관리위원회	승정원일기 / 양지천	난지하수처리사업소	옹기민속박물관	호림박물관	우포늪
소양댐	옹기민속박물관	농촌, 어촌, 산촌 마을	운현궁과 인사동	유니세프 한국위원회	판소리박물관
서남하수처리사업소	월드컵공원	들꽃수목원	육군사관학교	무령왕릉	한강
중랑구재활용센터	육군사관학교	정보나라	이화여대자연사박물관	현충사	홍릉 산림과학관
중랑하수처리사업소	철도박물관	드림랜드	전라북도	덕포진교육박물관	화폐금융박물관
	이화여대자연사박물관	국립극장	전쟁박물관	서울대학교 의학박물관	훈민정음
	조선왕조실록 / 종묘		창경궁 / 천마산	상수허브랜드	상수도연구소
	종묘제례		천문대		한국자원공사
	창경궁 / 창덕궁		태백석탄박물관		동대문소방서
	천문대 / 청계천		한강		중앙119구조대
	태백석탄박물관		한국민속촌		
	판소리 / 한강		해인사 고려대장경과 장경판전		
	한국민속촌		화폐금융박물관		
	해인사 고려대장경과 장경판전		중남미문화원		
	호림박물관		첨성대		
	화폐금융박물관		절두산순교성지		
	훈민정음		천도교 중앙대교당		
	온양민속박물관		한국에너지기술연구원		
	아인스월드		한국자수박물관		
			초전섬유퀼트박물관		